キリスト者と歩いた禅の道

西村《にしむら》惠信《えしん》

法藏館

キリスト者と歩いた禅の道　目次

第一章　辿りきし禅の道

わが師の思い出

一

秋も深くなった美濃路の幽谷に虎渓山永保寺を訪ねた。ここは私が少年の頃から一度は訪れたいと夢に見ていた、わが師南明和尚の若い日の修行の道場である。

私は幼い頃、正月や村の祭りなどに、久しぶりに終日ゆっくりと「ドンタク」（一切の仕事を止めて、終日を無為に過ごすことで、師は一年に三回ぐらい、思い切ってそういう日を作った）した日など、板の間の縁側に出て、茶色に日焼けした折本のアルバムを膝の上に置いて、虎渓僧堂時代の思い出話をする師の横で正坐をして、いつも聴く耳馴れた同じ話にあきあきしたものであった。わが師にとって〝青春時代〟といえるものがあったとしたら、それはまぎれもなく、多治見での八年間の修行時代であったに違いない。実際に師の人生の前半四十年のあいだを物語る十数葉の写真は、すべて雲水姿のものであり、師がいかにこの八年間の思い出に支えられて生涯を生きていたかを、私はよく知っている。

こんどNHK教育テレビ「こころの時代」の時間に、夢窓国師の禅と庭というテーマで、永保僧堂の文峰老師と東京の川瀬一馬博士との鼎談に出席することになり、そのビデオ撮りのために虎渓山行きが実現したのである。

前の日の夜中、私は久しぶりに先師の夢を見た。恐らく先師が、私の多治見行きを喜んでくれているに違いないと、目が覚めてから考えると、涙が流れて仕方がなかった。翌朝、平素茶の間の戸棚に飾って、珍しい到来物など供えている、小さな額に入れた師の写真を取り出し、カバンに入れて虎渓山行きの道案内をしてもらうことにした。

師が遷化《せんげ》（他界）されて十六年が夢のように過ぎてしまったが、思えば、師と二人しての汽車の旅も二十年ぶりということになる。こんなうれしいことは、私の日常のなかからすっかり忘れ去られていたもので、この二、三日、一挙に時間が十六年逆戻りしたような錯覚に襲われている。この感激のなかで、師の思い出を書き記してみたいと思う。

先師は尾張一宮（現在の尾西市北今町）の出身で、一八九一年（明治二十四）八月二十四日に生まれた。野田猶蔵の三男で、幼名を由蔵といった。尋常小学校三年のとき、江州（滋賀県）蒲生郡羽田村徳昌寺の森沢可嶽和尚が、小僧狩りにやってきた。美濃や尾張地方では、男の子が三人もいれば、一人くらいは出家させる慣わしがあったらしく、そう言えば一昔前の禅僧には、この土地の方言を話す人が多く、彼らのアクセントには独特の響きがあり、それが不思議と田舎の禅僧のイメージに合っていたものである。

可嶽和尚は四人の男子のいる野田家を訪れた。長男は家の嫡子だからスカウトの対象から外されたが、残りの三人の子供たちは座敷に並んで坐らされ、和尚の言い渡しを待った。次男の周次郎に白羽の矢が立ったのだが、彼の干支《えと》が寅であるので、それでは強すぎて困るということで取り止め、三男の由蔵に干支をたずねると「卯」の年という。可嶽和尚は「卯なら大人しくてよかろう」と言って、この子を小僧としてもらい受けたいと申し出られた。父親は「一子出家すれば九族天に生ず」と、わが子の出家を喜んだ。

こうして先師は仏門に入ることになったのである。まことに有無を言わせぬこのような大人たちの一方的決定によって、先師の一生涯の運命が決せられた。仏縁の不思議とでもいわなければ説明のつかない人生の岐れ路であった。

尾張一宮から蒸気機関車の引っ張る汽車で近江八幡まで来て、そこから可嶽和尚と並んで人力車に乗って約二里（八キロ）の道を揺られ、徳昌寺に入門したのである。後年、先師は、その日師匠と並んで乗った人力車の記憶を、昨日のことのように語っていた。それは、その後の小僧生活の厳しさとは、似ても似つかぬ夢のような三十分であったことであろう。

先師の得度名（諱）は「宗寿」である。十歳の雛僧宗寿は、大人しい少年であったと私は思う。生涯真面目一方であった師の人柄から推して、そう信じて間違いない。

徳昌寺には数人の兄弟子たちが、徒弟として養われていた。可嶽和尚はもちろん独身であり、寺内に女の気はなかった。

先師は右足の親指の爪が生涯不思議な格好に割れていた。それは先師が徳昌寺に入門して日の浅い頃、漬物桶の重石を誤って足の上に落として割れたもの、ということであった。血の吹き出る親指を押さえている小僧、「唾でも塗っておきゃ治る」と、非情な構えの師匠との向かい合いは、もう今日のような時代では想像もつかぬものである。

師が病気で最期の息を引き取られたとき、そのご苦労の脚をさすり、茫然として遺体に伏した私の目には、先師のこの大きな割れた爪がいとおしく思われ、その淋しさはひとしおであった。

先師は入門当時、毎夜、小用のために戸外の東司《とうす》（便所）に行き、東の空を見て泣いたと言われていた。そしてある日、可嶽和尚の外出中に、兄弟子の宗鶴と謀って寺を抜け出し、尾張なる母の家に向かって走ったのである。下男の平蔵は麦めしでにぎりめしを作って、この出奔を助けてくれたという。

子供の脚に七十キロの途は遠い。長良川のほとりで夜となり、とある民家に投宿を乞うと、それは浄土真宗の門徒であったらしく、親切な夫婦は、二人の小僧に家をまかせ、自分たちは村のお寺の報恩講へ出かけて行った。それで二人は昼間の疲れで深い眠りに落ち入ったわけであるが、何のことはない、翌朝、徳昌寺から走ってきた追手に捕えられてしまい、二人は泣きべそをかきつつ、また江州まで連れ戻されたのである。

天龍寺派管長の龍淵老師が徳昌寺に来駕され、一座の大法会が結ばれたことがある。このとき、使者として老師の接待役をつとめた小僧（先師）に、龍淵老師が与えられた墨蹟が、生涯先師の居間に掛かっていた。私はそれを今でも、そのまま掲げているが、楷書で「少年老い易く、学成り難し。一寸の光陰、軽んずべからず」という朱熹の箴言《しんげん》に、「寿侍者の需《もと》めに応ず」と為め書きまでしてある。寿侍者は七十七年の生を閉じて、今や涅槃の定中にあり、その徒である私も、もはや知命の年を迎えた。まことに少年老い易く、学成り難しの感、浅からぬものがある。

師匠の可嶽和尚から、毎日のように内典外典の素読を教えられ、また、兄弟子たちからお経や法式の手ほどきを受けた師は、生涯、八巻の『法華経』を堪能に素早く読み、『楞《りょう》厳呪《ごんしゅう》』や『金剛経』を諷《そら》んじる人であった。それらは、徳昌寺時代に肌を通して覚えたもので、徒弟教育の素晴らしさを感じさせ、今の私などには、とても真似のできないものであった。

先師が網代笠に脚絆といういでたちで、美濃の山深く多治見の虎渓山永保寺専門道場の門を叩いたのは、一九〇六年（明治三十九）の初夏であったと聞いている。雪安居《あんご》（十一月一日から一月末までの三か月の修行期間）の入制までの数か月を逗留という形で生活し、その年の十月に正式に参堂し、五峰庵無底文底老師に初めて相見《しょうけん》したらしい。わが師の十六歳の年に当たる。

五峰庵老師という方は、私にとっても重要な影響を与えた禅者である。もちろん時代の異なる私が老師に直接相見したわけではない。しかし私が物心ついて、毎朝本堂に仏飯《ぶっぱん》や茶湯《さとう》を供えることを日課としていた頃、本堂祖師壇の上に、歴代和尚の位牌と並んで、菓子箱にセロハンを貼って作った手製の額縁に入っている一枚の人物写真、その人が五峰庵老師であった。

この老師は、とにかくハンサムで凛々しく、しかも知性の光る面立ちであって、私は仏壇の下から眺め、わけもわからずに手を合わせて拝んだのであるが、そうするうちに、禅者のイメージとして、深く私の脳裏に焼きついてしまった。いらい、今日に至るまで、このイメージに似た禅者に出遇うとひどくうれしくなり、「老師」というものを見る思いがする。悪いことには、このイメージに合わない方の場合、何となく他宗の人と出遇っているような気がしてならないのである。少年時代に受ける印象とは恐ろしいものであると、ひそかに苦笑しているしだいである。

二

私が二歳のとき、小僧として現在の興福寺に連れてこられたのは、一九三六年（昭和十一）の春と聞いているので、それは先師の四十五歳の年に当たる。先師はすでにこの寺に住して二十年余を経ており、三人の弟子を育てていた。

私がやってきた頃は、これら三人の兄弟子たちは、京都の紫野中学や、尾張の妙興禅林などへ遊学中で、寺には先師と、現在も八十四歳でなお矍鑠として余生を楽しんでいる私の養母（当時三十六歳）と、そして二歳（昔ふうで言うと四歳）の私の、三人暮らしであった。

先師が可嶽和尚の手紙一本で、虎渓僧堂を退山して、この箸片方もない貧乏寺（先代住職が出奔して無住職となって荒れていた）に住職を命ぜられたのは、先師の二十四歳のときであり、それ以来、六十九歳で私に住職を譲られるまでの四十五年間を、興福寺護持のために捧げられたのである。

南明和尚は、とにかく枯淡綿密の人であった。起床は毎朝夏は四時、冬は五時と決まっていた。顔を洗うと台所のまったく火の気のない箱火鉢の前に坐り、煙管《きせる》で二、三服吸ったあと、真っ暗闇の本堂に出て、一時間余の朝課を勤める。仏壇にろうそくも線香も灯さぬのは節約のためであった。要するにもったいないのである。

そう言えば台所の箱火鉢には、木の枠に部厚く紙を貼って作ったジョタンが置いてあった。最近辞書で、ジョタンは「助炭」であり、炭の消耗を防ぐためのものとわかった。ジョタンには抽き出しがついていて、そこに法事で貰った古いしいたけや湯葉が入れてあった。その乾燥した匂いには、いかにも禅寺の清貧を思わせるものがあった。

それはともかく、生涯、入院するほどの病気をしたことのない先師は、少々の病気ではこの朝勤めを欠かしたことがない。晩年、時折私が代行した以外は、これが和尚の一日の始まりであった。本堂で一時間と、諸堂を巡っての諷経が約三十分である。最後に居間に安置してある内仏で、『阿弥陀経』と『和讃』、そしてご丁寧に蓮如上人の『ご文章』まで諷誦された。

この内仏壇は、私の養母の実家のもので、本尊は阿弥陀仏の木像である。禅僧が妻の先祖供養のために『阿弥陀経』一巻を日課としていたことを、私は今まで誰にも話したことはない。しかし、南明和尚の生家も浄土真宗の門徒であったことを思うと、和尚の胸の底深くには両親への思慕の気持ちもあったのであろう。

私は幼いときから、枕の先で読まれるこの『阿弥陀経』で目が覚めた。そのおかげで、いま『阿弥陀経』も暗誦することができるのを有り難いことと思っている。このほか私の僧名恵信が、親鸞上人の夫人の名と同じであること、また私の荊妻の実家が真宗大谷派の寺であることなど、私の身辺には念仏門の匂いが濃いのである。

南明和尚は、檀家わずか四十数軒という骨山の住職として日々の清貧に甘んじ、ただひたすら如法に生活した。その生活のほとんどは庭掃除や畠仕事、そして檀家の人びとの応対と、なかなか忙しいようであった。性格が温順で、いつもにこにこされていたので、今も人びとはいい和尚さんであったと懐かしがっている。私自身何回か、目から火が出るほど叩かれたことがあったが、和尚の温かい思い出ばかりが強い。

小学校二年生の頃であったか、どこかで拾ったクレパスで、庫裡の白壁に落書きをして、夜中に戸外へ追い出されたことがあった。日も沈み、四面真っ暗になった門の外で、フクロウの啼く声も恐ろしく、泣きじゃくりながらお許しを待っていたが、やっと門の錠が外されて台所の箱火鉢の前に坐らされ、お説教を受けた。ふと見ると、火鉢の中の銅壷の中にエリー（今のヨーグルトのようなもの）の瓶が入れてあり、それが温まると、「これを飲んで早く寝て、またあした早く起きるんじゃ」と言われた。私は涙とともにエリーを飲み干して、灯のない部屋で蒲団をかむって泣き寝入りしたのであった。しかし、あのエリーの温かさは今も忘れられない。今日の私にいささかでも人に対するおもいやりの心があるとすれば、それは、このような形で幼い頃に培っていただいたものである。

小学校に入ってからでも、師はよく私を肩の上にのせて歩いた。年老いるほどに、よほど私が可愛かったのであろう。師の背に乗って鐘楼に上り、夕暮れの鐘を撞くことがしばしばであったが、そういうとき、師は決まって同じ歌を口ずさんだものだ。「鐘が鳴るかや、撞木が鳴るかや、鐘と撞木の間が鳴る。ゴーン」というのがそれである。子供心に聞き覚えたこの歌の意味が、今になってやっと深く味わえるようになったのだが、この歌こそ、私の肌を通って染みこんだ弁証法の思想なのである。

小学校の頃、私は先師に時折頭を剃ってもらっていた。剃刀が切れ止むと痛くて髪板の上に涙がポロポロと落ちた。先師の晩年になると、私が先師の剃髪をした。先師は「ついでに鬚も頼む」と言ってほとんどが白くなった鬚の顎を突き出していた。言うだけの小言を言っておいて鬚まで剃らせる先師の私に向ける信頼に、私は別の涙を呑んだものである。

私が南禅寺僧堂へ修行に出ている頃、半年に一度、二夜三日の休暇をもらって帰山すると、先師は早くから風呂を沸かし、火鉢に火をつぎ、その前に座蒲団を敷いて待っていてくれた。時に不在であったので、何処に出たのかと思ったら、二部落向こうの造り酒屋へ地酒を買いに行ったとのことであった。先師は酒を飲まなかったので、寺に常備がなかったのである。

師の手はいつも傷だらけで荒れていた。それは庭掃除のとき、サツキの下などへ手を入れて掃除をするからで、師の手はまるで箒や鎌の代用であった。ある夏の午後、先師は庭先の掃除をしていた。ふと見ると、箒で集めた木の葉を、塵取りに掃き入れようとしている様子が少し異常である。まっすぐに塵取りに入らないのである。すぐ傍にかけ寄ると、全身から熱の匂いがした。高熱である。計ると三十九度を超えていた。すぐに床に入ってもらった。先師の根性を示すひとこまであった。

三

師の一周忌を前にして、師の生前愛用の箪笥を抽き出すと、コヨリと書いた菓子箱が出てきた。蓋を開くと中に二、三百本のコヨリが整然と入っていた。あの大きな手で器用に捻られたコヨリを見たときほど、師を懐かしく思ったことはない。私は直ちにそれを自分の書斎に持ってきて、以後、一篇の論文ができるとそれで綴じることにしているが、なかなか減らないのである。

師は一生涯、ちり紙を使って鼻を擤んだことがない。十年に一度くらい張り替える障子の紙を竹幹に巻いておいて、それを使ったのである。先師の亡きあとは、私はそれさえ尊く思われ、使えなくなった。

先師は、このようにつつましく爪に火を灯すように生活しながら、当時約二町歩（一町歩は約九九アール）の田地から納められる年貢米によって、毎年のように職人を入れて堂舎を営繕した。そして住山四十五年にわたって、今日のごとくに整備されたのである。因みに、門前両脇の白壁土塀、境内の石畳、本堂前の石段、鐘楼、裏門など、すべて南明和尚の苦労によって成ったものである。

第二次世界大戦の悪化のなかで、一九四三年（昭和十八）頃から、先師は私の養母と力を合わせて素人百姓を始めた。このとき、先師はすでに五十三歳であったから、その身体的苦痛と、素人仕事の苦労は大変なもので、小学生の私は、夜八時頃になっても夕食が与えられず、真っ暗になった田んぼの畦道に立って、腹をすかせながら、先師ら二人が月明かりの中で仕事をする黒い影を、ボンヤリと眺めていた。

この暗黒の時代が先師にとっても最悪のものであったことは言うまでもない。恐らく、その頃の数年間の百姓仕事が、先師の生命を十年くらいは縮めたことと思うと気の毒でならない。戦後は、農地解放により、わずかに先師らが耕作していた一反半（約十五アール）が残されたばかりで、寺はにわかに貧しくなった。

このようにして晩年の先師は、もっぱら私を高校、大学、専門道場へと進め、禅僧としての教育を受けさせるために、身を粉にして働いていただいたのである。

南明和尚は、一九六七年（昭和四十二）九月三日の朝、能登川町立病院で遷化された。二十四人の人びとの大切な血をいただいたが、癌には勝てなかった。私は、師の枕辺で一心に『大般若理趣分』を読誦して、ひたすら師の安らかな終焉を祈念した。

津送《しんそう》（告別式）には、師の遺言によって山田無文老師を導師に拝請した。無文老師の引《いん》導《どう》法語（原漢文）は、次のように師の生涯の活面目を伝えている。

印

潜行密用、恰かも癡《ち》頑《がん》に似たり。家風枯淡、誰か敢えて追《つい》攀《はん》せん。咄々として実意を談じ、微々として笑顔を開く。虎渓の嶮崖を踏破し、審さに知見を明らめ、興福の浄園に穏坐し、深く重関を閉ざす。

施設を充実し、山門自ずから風致を改む。洪鐘再鋳、梵音普く世間に聞ゆ。只だ民生の安定を憂い、屢《しば》し《・》ば遠近の塵《じん》寰《かん》に入る。

那《な》んぞ凡聖を論じ、何ぞ苦艱を説かん。

七十八年、康且《か》つ寿、医王宮裡自ずから安閑。這《しゃ》個《こ》は是れ江州興福禅寺十世南明寿禅師の真なり。

花園無文謹んで賛す。

無文老師の引導法語を訳すと次のようになる。

南明和尚の生活は、自分の才能を隠して見えないようにされたので、まるで痴鈍の人のように見えた。その生き方は枯淡というべきものであって、誰も真似ができない。口下手な語り口で真実のところを話し、いつもにここと微笑んでおられたものだ。若い頃は虎渓山で苦しい修行に耐え抜き、禅の深いところを明らめ、故国の興福寺に住してからは、穏かに生活して、その修行の内容について人に見せびらかすことはさらさらなかった。興福寺の堂宇の充実に努力されたために、寺の風致がすっかり趣きを変えた。戦争で失われた梵鐘も戦後すぐ（一九四九年）に再鋳されたので、今はよい音が世間に響きわたっている。また、長く民生委員としてひたすら人びとの面倒を見、あちこちの家を訪ねて歩かれたという。

どうしてこの和尚の値打ちをあれこれ評したり、そのご苦労を説明したりすることができよう。七十八年の生涯は、じつに健康で長生きであられた。その人生をこの医王山（興福寺の山号）で、平安に閑かに過ごされたのである。

印　印

これは江州（滋賀県）興福禅寺第十代南明（宗）寿禅師の画像である。花園（妙心寺）に住む無文が謹んで賛をしておこう。

いま、南明和尚の滅後十七年の法要を営もうとして、今さらながらその肖像を仰ぎ見、この賛を拝読すると、師の恩の深さが身に染み、怠惰な自分を厳しく鞭打たれる思いがする。

この拙ない文を知って、先師は恐らく余計なことをせねばよいのにと思われるであろう。「子は父のために隠し、父は子のために隠す」のが禅家の作法であることを忘れて、語りすぎてかえって先師の半徳を減じてしまったことが恥ずかしい。

花園大学、昔むかしの物語

一

一九五一年、つまり昭和二十六年の秋の初め、高校三年という年頃で、顔から首にかけて噴出しているニキビを潰すのが、何よりの暇つぶしであった私は、友達に内緒で一人で汽車に乗り京都に出てきて、憧れ（？）の花園大学を見に行った。その年の春であったか、京都駅が宿直室のアイロンの不始末で全焼して、まだバラック建てであった改札口を通って出たように思う。駅前にチンチン電車が並んでいる頃で、私の電車は4番で、それは七条通りから西大路へ出て金閣寺を過ぎ、烏丸車庫からまたまっすぐに京都駅へ帰るというルートであった。当時の学生にとって、バスは贅沢であった。とにかく四十分ほど乗って、車掌のオジさんが「えんちょうー」と叫ぶところで降りた。円町の辺りは、京の街はずれのド田舎で、西大路より西の南側は全部畑であり、土埃りの道を荷車が往き来していた。このワールド劇場という三本立ての映画館が、この辺り唯一の娯楽場であるらしかった。この劇場のあったところは今、スーパーマーケットになっている。

大学は妙心寺の隣にあると聞いて来たが、一向に大学の時計台らしきものも見えぬまま、不安な気持ちで歩いて行くと、幼稚園の裏門のような石の門柱があったので、近寄って門標を見ると、なんと一方に「花園高校」、他方に「花園大学」と書いてあるではないか。門の正面には築山があり、松の木が一本立っていた。その後ろに二階建ての木造の建物があり、玄関だけは古色蒼然たるものであった。まだ夏休み中らしく人の気配もなかった。玄関に入ってすぐ暗い廊下を左に折れると、左手に事務室と教授室が並んでいるだけで、もうその先が出口であった。これはまた何と貧弱な、というのが花園大学の第一印象であった。

恐る恐る事務室のガラス障子をガタガタ引っ張って開けると、大人みたいな顔をして、声がびっくりするほど低音の、しかし詰襟の学生服を着ている、まったく得体の知れぬ人が一人留守番をしていた（あとでわかったが、この人は橋本さんという学僕であった）。「この学校へ入りたいと思うのですが」と言うと、にこにこしてお茶でも出してくれそうな気配であった。私は恥ずかしくなって、「いや見に来ただけですので」と言うと、「案内しましょう」ということになった。

案内をされて驚いた。大学の建物は、二階が講堂になっているこの本館、その一階の半分は花園高校事務室。話によるとつい最近まで一台の電話を、大学と高校が共同使用していたという。渡り廊下の向こうの教室棟は木造二階建て一棟で、教室は全部で六つ。電灯がさがっているのは机七十脚ほどの大教室だけであった。二階突き当たりの奥の教室は、先年、遅刻した学生が授業のあとに教卓の所へ一斉に集まったために、床が抜けて大騒ぎになったという（有名な花大床落ち事件）。

教室の北側に、ほぼ教室と同じ大きさの旧い寮が平行に並んで建っていて、教室とのあいだの渡り廊下に沿って畳敷きの食堂があった。この廊下を寮と反対の方へ行くと、突き当たりに木造図書閲覧室があった。校地の西南隅に建つ書庫は、花園大学唯一の鉄筋コンクリート四階建てであった（入学してからは、鉄の階段からその屋上に上り、双が岡の景色など眺めながら弁当を食べたものだ。前の下駄屋さんに、「れいちゃん」という別嬪の娘がいたので、彼女が見えるかもしれないという大きな期待もあった）。教室と図書閲覧室に囲まれるようにして、猫の額ほどの運動場があった。運動場といってもテニスコートが二面。しかし、このテニスコートは、かつてデビスカップ出場の中野文照選手（本学に在籍していた兄の指導を受ける）を生んだという、本学としては誇り高きコートであった。教室棟は前年のジェーン台風で傾き、棒杭で突っ張りがしてあった。

校庭には大きな銀杏の樹が二本あった。木の根元に平瀬作五郎先生記念樹の碑が建っていた。平瀬作五郎教授は、世界で初めて銀杏の精子を発見した植物学の権威であることを、入学してから知った。

花園大学が創設されて、今年で百二十年になるというが、このような話を聞いてもらえば、本学がついこのあいだまで、規模は小さくても、どんなに素晴らしい大学であったかを知っていただけるであろう。

建物はじつにお粗末だし、教職員の給料ときたら想像を絶するものであったらしい。しかし、先生がたはそのようなことに頓着せず、本学を愛し、教壇に立って声を張り上げて惜しまぬ斯界の泰斗ばかりであった。私が薫陶を受けた先生だけみても、山田無文、柴山全慶、久松真一、小笠原秀実、牧茂一郎、金子光介、緒方宗博、坂本精一、伊藤古鑑、市川白弦、荻須純道、猪木正道、今津洪嶽、勝田吉太郎、藤直幹、藤岡謙二郎、藤原了然、池永澄、三村勉、森蘊、森暢などの先生がたの顔がすぐに思い浮かんでくる。鈴木大拙、下村寅太郎、森本省念というような方々も、本学をこよなく愛された人びとである。

爬虫類の研究では世界的権威と言われた牧先生の生物学のごときは、一年を通じて性教育であった。おまけに試験はなく、評価は出席点だけであったから、私が大学で百点をもらったのは、あとにも先にもこの先生からだけである。体育理論の山田重正先生（現山田校医のご尊父）は、京都の大将軍の開業医でもあられたが、どれほど多くの学生が、男の悩み相談に出かけたことか。毎年卒業の時期になると山田医院借金未済者一覧表が貼り出されるほどであった。

門前には、太田という校医さんがおられた。私の友人が医院の待合室で待っていたが、なかなか呼んでもらえない、やがて「どうぞ」と言われて入ると、診察室ではなくて台所の方へ案内され、すき焼の用意がしてあったという。先生は一言、「君は栄養失調です」とおっしゃったそうだ。そんな先生たちがたくさんおられたのである。

学生の数も、私たちの頃は全学百五十人ぐらいであった。毎週月曜日の第一講時は、山田無文学長が全学生に『碧巌録』の提唱をされ、時折、この時間に国内国外の著名人による講演を聴いたことが学生時代の深い思い出となった。この時間には全学生の出席を取るから、全学生は互いの名前を知っていた。かくて四年のあいだに、三百人ぐらいの知己を得た。現在、彼らは全国各地で大活躍をしていて、その消息が今でも緊密に伝わってくる。このように友を多く持つということは、まことに貴重なことと今さらのように有り難く思う。

講義の内容はほとんど忘れてしまったが、一緒に遊んだことばかりは、忘れようとしても忘れられない。私は四年間一度も下宿をせず、片道二時間半かけて通学したが、寮生活で四年間を送った人たちの、花園への郷愁はいかばかりであろうか。男ばかりの生活のなかで、夜の五番町（今は見ることのできない遊廓街）が夢のようなものであったことは十分に想像できた。
今頃になって、そのような花園村の神話を語ってみても、何の意味もないかもしれない。しかし、これらはすべて信じられないような実際の話であるが、やがて忘れさられてしまうことであろう。

二

そもそも私は、いちおうは友達の多くが国公立を目指す一流高校にいたのだが、誰も私の入ろうとしている花園大学を知っていないのは情けない話で、おまけに定員が五十名という寺小屋大学と聞いていたから、そのようなみじめなことは絶対友達に口外しないことにしていた（入学してからでも、地方から檀家の人や知人が来て大学の前を通るときは、それを見られるのが恥ずかしいので、反対側にある慧照院の方を向かせ、ハイこれも妙心寺の塔頭の一つでございまして、などとごまかしつつ足早に通り過ぎたものだ）。しかも推薦入試で英語と面接さえ受ければよいという話で、受験勉強の必要なし。そうかといって遊ぶ暇のあるような友達もなく、仕方なしに補習授業など受けて、格好だけつけてごまかしていた。

その頃のある日、彦根市内の書店で『全国大学入試英語問題選』という黄色で薄っぺらな本を手にして、五十題ばかり並んでいる長文の英文和訳問題を追っていると、「あった！」。天下の花園大学の問題が光るように入っていたのだ。私はそれを求めると、大好きな女の子に見せに行って、「じつは黙ってはいたけど僕はこの大学へ行くのです」と胸を張って告げた。私が花園大学を自負するようになれたのは、実にこのハプニングによってであった。

今にして思うと、この問題英文は恐らくR・H・ブライスさん（学習院大学の英国人教師）の「禅と英文学」からの抜粋であったし、それを入試問題として採用したのは、当時英語を担当していた元学監の市川白弦先生に違いないのである。文中に日本文化の特色などということばがあると、それだけでも高校生の私はシビれたし、それが英語で書かれているということは、英語の好きな自分にとって何とも言えぬ魅力であった。こうして私は文句なしに花園大学の方を向いて入学の日を待ったのである。

入学試験の日のことはほとんど記憶がない。ただ、定員五十人というのに、教室で待っている応募者を上目づかいに数えてみると三十数名しかいないので、合格確実という見込みがつき、まるで大船に乗った気持ちで面接を受けたことを憶えている。面接官は黄色い衣を着て顔の非常に小さい、というより顔と首がほとんど同じに見えるほどに首回りの太い坊さん（これが山田無文学長であることは入学式の日にわかって、びっくりした。その頃老師は瘰癧《るいれき》を病んでおられたのである）と、もう一人丸坊主で背広を着た恐そうな先生（荻須純道学監）の二人で、よく本学へ来てくれたというようなことを言われたように思う。面接の部屋は玄関を入ったところの衛生室で、拭いたこともなさそうな古いガラス戸棚の中に薬びんが並んでおり、ほかには馬鹿に大きな古色蒼然たる金庫が一つあるだけで、普段はまったく使っていない部屋のように見えた。

入学試験について加藤正俊先輩（現本学名誉教授）から聞いた話がある。彼が第二次世界大戦末期に花園中学へ入るための面接を受けたとき、面接官であった先生が「この戦争下に中学校に入って勉強できるのは誰のおかげですか」と聞かれた。彼は姿勢を正して「兵隊さんのおかげです」と得たり賢しとばかりに応えると、「馬鹿っ、観音様のおかげじゃ」と一喝くらったというのである。あの時局に、銃後で毎日の生活が送れるのは兵隊さんのおかげだと答えるのが常識であるのに、それを真っ向否定して仏様のおかげだと言い放つほどに、当時の花園中学には気骨と根性があったのであろう。まことに痛快な話ではある。当時の花園中学（現花園高校）と臨済学院専門学校（現花園大学）とは一心同体であった（ただ一台の電話器を共用しているくらいに）から、花園気質には共通のものがあったに違いない。

閑話休題。私が花園大学の門を潜って驚いたのは、銀杏樹のことである。じつは私の彦根東高校にも校庭に銀杏の大樹があって、これが学校のシンボルになっていたから、花園大学の狭い校庭に銀杏の樹が二本も屹立しているのにかつは驚き、かつは妙に親しみを感じたのである。まだ友人もできない入学の直後、樹の傍に寄ると小さな石柱の字は「平瀬作五郎先生記念樹」と読めた。私にはこの銀杏が彦根の高校から私について来てくれた保護者のようにさえ思えたのである。

平瀬作五郎というこの花園中学で教鞭をとられた先生は、じつは世界で初めて隠花植物〝公孫樹（銀杏）〟の精虫を発見した偉大なる生物学者だったのである。『世界人物事典』（旺文社、一九六七年）には、「東大理科の助手として種々の図を描くかたわら植物の実験を行っていた。銀杏の発生的研究を行い、一八九六年（明治二十九）銀杏の精虫を発見して世界の植物学界を驚かせた。一九一二年（明治四十五）銀杏の精虫に関する論文で恩賜賞を受けた」と書かれている。また平凡社『大人名事典』（一九六二年）には、「後半生は京都の花園中学に教鞭をとり」とちゃんと明記されている。花園学園・花園高校『百二十年の歩み』（一九九二年）には、故後藤光村師によるまことに痛快な平瀬先生の逸話が再録されている。たとえば、明治二十九年前後であったが、先生が公孫樹の精虫の発見をさるる前後等は昼夜兼行で銀杏の木の上で研究されたものである。夜になると提灯をともして、夜を徹し、木の上で幾度となく仮寝をされたのじゃ。其貴い研究の態度も全く今は逸話となってしまった。……

などの類いである。当時の花園中学には、鶏舎でにわとりの卵を抱いて寝て孵化させようと頑張って失敗した先生もいたりして、想像するだに愉快な学校であったらしい。

今から五年前、母校の高校から講演を頼まれたとき、知って驚いたのは、母校の銀杏樹もまた平瀬先生の記念樹だったのである。平瀬先生は昔の彦根中学から花園中学へ転任されたのであった。誰がどのような縁でこの世界的な生物学者を花園中学へ引っ張ったのか知るよしもない。ただ、花園大学へ恥ずかしく思いつつ進んだ自分の道に、すでにこのような深い導きの糸があったことだけは、思えば思うほどに、今でも不思議に思われるのである。

三

昭和三十年代の花園大学は、全学生数わずか百五十名という寺小屋さながらのミニミニ大学で、大学とは名ばかりで研究室すらない貧乏大学であった。専任教授と思われる先生でさえ、大学に来られて事務室に顔を出し、隣の教授室にコートなど引っ掛け、お茶を一杯飲んで教室へ出かけ、授業の終わる振鈴が鳴ると、みんなさっさと帰って行かれたので、学生の分際で、先生を呼び止めて勉強の話をするなどという、勇敢なことができる雰囲気ではなかったのだ。

今、私の研究室にその頃教授室にあったコートと帽子を掛ける衝立を置いている。これは大学キャンパス総合移転のとき、廃物にされそうだったので、昔の思い出にもらい受け、再三にわたる研究室移転にもめげず、手放さずに持ち運んできた私の宝物である。

古色蒼然たるこの衝立に、かつての日、鈴木大拙、下村寅太郎、久松真一、藤岡謙二郎、小笠原秀実、牧茂一郎、藤直幹などという世界的な権威たちが、帽子やコートを引っ掛けられたと思うだけで、いまだにこれら先達とともにある気分がする。

哲学者の下村寅太郎先生に『遭逢の人』という名随筆集があるが、そのなかにその頃の教授室のことが出ているので、少し写しておこう。

初めて直接に森本（省念）さんにお会いしたのは、京都の臨済宗大学の教官室であった。一、二年間にすぎなかったが、「自由」な人とは、かくの如き人をいうかと、ひそかに憧憬の想いで森本さんを見ていた。

一週一度、昼食時の一時間だけの機縁であった。道念の薄かった私は折角の得難い機縁を唯唯徒らに教官室内の雑談の流れに委してしまった。しかしそれだけでも私には強い深い経験であった。

臨済宗大学は――現在のことは知らず、当時は、京都に数ない仏教大学の中で多分最も簡素な――これは修辞的な言い方なのであるが――大学であったであろう。その頃、京都では宗教大学以外には哲学の講師を勤める所は殆どなかったから、私も色々な宗教大学の講師を遍歴したが、この大学には一番長く――東京に移る最後まで、勤めた。清潔な雰囲気が最も印象に残っている。森本さんとの遭逢もこの想念の契機の一つであろう。（中略）

教官室で一緒に昼食をするのであったが、森本さんは何時も握り飯で、手摑みで食べられた。ある時、私の弁当箱をのぞいて、菜の残っているのを見て「残さはるのやったら貰ひまっさ」とさっと無造作に手を延ばして召し上がった。咄嗟に、禅僧の機鋒はこういう所に出るものかと、名状しがたい感銘をうけた。

この学校は臨済禅の唯一の大学で、森本さんは最も重要な禅学を担当されたのだが、道元禅師の『正法眼蔵』を演習のテキストにした。いうまでもなくこれは曹洞禅の典籍である。これを臨済禅のテキストとして使うのである。これは見識と自信がなくては出来ないことであろう。『正法眼蔵』でも何でも自由に扱えるのでなければ本当の禅ではないというのが森本さんの本心であったのであろう。型式化した宗風に対するチャレンジであったかも知れない。眼蔵の次には親鸞の『教行信証』、その次には『聖書』を使うのだと言って、森本さんはいたずらっぽい顔をしながら「本山から文句をいってくるのを待っているのや」と笑っていわれた。間もなく私は東京へ移ったのでその後のことは知らない。(以下略)

たしかにこの大学には素晴らしい先生たちがおられ、学生たちも勉強のことがあまり気にならない呑気者ばかりであったが、それだけに先生がたの日常のお姿から、多くのものを学んで卒業していった。

牧茂一郎という生物の先生は、何でも爬虫類に関する世界的な権威であったそうだが、僕たちがヤギさんと呼んだ小柄で短く白いあご鬚のこの先生は、一年間を通じて性教育の話ばかりされた。それも毎回絵入りのプリントを配られて、微に入り細にわたってのお話、ついには健康なマスターベーションの作法までお説きになったくらいである。試験は無しで出席さえしていればよかった。皆出席した者は私を含めて百点満点をもらったし、あの講義のおかげで今でも男女の区別をはっきりすることができるようになった学恩は深い。

　金子光介という同志社大学の先生からは、世界史を聴いたが、テキストに使われた自著『西洋文化史要』は、今読んでもわからないほどドイツ語だらけで、よくまあこんな難しい講義の単位が取れたものよと思うほどである。

　この先生は終戦直後に朝鮮の大学から引き揚げてこられたそうで、事前に日本が敗けることくらいわからぬようでは歴史家とは言えないのだとおっしゃった。敗戦を予感、いや実際は易を立て、「沢火革」の卦が出たので、これじゃ帝国日本の命運も危うしと見られたのだそうだが、ともかく苦労して蒐集した李朝の焼物を安全なうちにと日本に持ち帰ったのだという自慢話を何度聴かされたことか。

　この先生が、「殺生はいけません」と言われるとなかなか迫力があって、坊主のくせに肉を食べている自分が恥ずかしかった。「私はどうも動物の革で作った靴や鞄なんぞは持てませんわ」とか、「先日家内がしじみを買ってきましたが、私はそれを家内に無断で全部川へ逃がしてやりましたですな」というような話が、いまだに耳底にあるのは、若い日の真面目な私にとってよほど印象的であったためであろう。

　京都大学の先生で、のちに防衛大学の学長になられた猪木正道先生には社会思想史を習った。バブーフとかブランキーとか難しい名前の社会主義革命家の話であったが、この先生が、「先日、比叡山へ行ってきたが、ケーブルカーでは坊さんたちが平気な顔で席に坐っていて腹が立った」と言われたことも、よほど恥ずかしく思ったのか、よく覚えていて、それがいまだに私のいささかの良心につながっているように思う。

今津洪嶽先生も懐かしい禅学の先生である。毎回講義の初めに教壇上でお経を唱え、「南無三国伝灯の祖師菩薩」と合唱三拝してから講義となるのだが、講義内容に進展らしきものはなく、ただ朱の扇子で自分の禿げ頭を叩き、「あっ、痛い！　痛いのは誰じゃ」の繰り返し。黒板に書かれたのは、毎回 X＝∞ という定式と、チョークをガタガタさせて引く一本の点線ばかりで一貫していたのだが、今から考えると禅坊主の卵どもには、個と全体の一如ということと、伝灯の本質が非連続の連続だということさえ叩き込めば十分というわけで、やっぱりそれだけが骨身に染みて忘れられぬこととなり、話が身につくということは、そういうことかと、この頃になって思い知らされている。

小笠原秀実という先生は、山田無文老師や市川白弦先生たちも若き日に私淑された仏教的アナキストであったが、詩歌を能くせられ、その「般若心経頌」は名作中の名作で、今も花園大学の学生手帖に載せてある。私たちは倫理学を聴いたが、一年かけて「自由と自《じ》恣《し》」の根本的相違を教えられた。最近、八木康敞著『小笠原秀実・登——尾張本草学の系譜』（リブロポート社、シリーズ民間日本学者17）を読み、名古屋市郊外の甚目寺という寺に生まれた秀実・登（京大医学部教授、ハンセン病患者のために生涯を捧ぐ）兄弟の、深い人間愛に基づいた潔癖な人生の様子を知り、昔の花園大学には、何という立派な先生がおられたことよと、身の引き締まる思いがしている。

四

禅坊主だから坐禅を行とするのは当たり前だが、それにしても還暦過ぎてまだ雲水衣に手巾を締めて、朝から晩まで「大学摂心《せっしん》」に付き合わされるのも、よくよくの仏縁というものであろうか。

事の初めは一九五二年（昭和二十七）の六月に遡る。花園大学に入学して間もなく、制服に角帽を被り、まだ珍しい京都の街を楽しんでいたある日、情報通の友人が、教室で弁当を食べながら「もうじきセッシンや」と言った。セッシンという日本語は聞き初めであった。「セッシンって何のこと」と私は箸を止めた。「三日間、朝から晩まで坐禅ばっかりせんならんのや」。

寺へ帰って師匠にこのことを報告すると、師匠が、「ホウー、やっぱり花大へやらしてよかった。坐禅もないようでは花大へ入れた甲斐もないわい」と言い、うれしそうな顔をして、大昔自分が使ったボロ衣と手巾を出してきて、手巾の結び方から坐禅の仕方まで丁寧に教えてくれた。これが坐禅とのなれ初めであったが、太くて短い自分の脚にはまったく不向きで、これはえらいことになったと、花園大学入学を後悔して夜も眠れなかった。

六月の二十七日から三日間、授業が全面的に休講になって、花園駅から妙心寺の法堂へ直行の日が続く。滋賀県の自坊から、大きな蒲団を抱えて汽車に乗っていると、他大学へ通う友人が、「授業が無いって、よい学校やんけ」と羨ましがったが、私にとってこの三日間は地獄であった。

その頃、摂心は六月と十一月の二回、それぞれ三日ずつ全学百五十名の学生が一堂に会して坐禅したのである。四年間にわたって必須で、出席を点検されたからサボることはできなかった。寮の学生は夜坐もあるとのことで気の毒であったが、通学生の私は、これを好機とばかりに友人の下宿に泊めてもらって、下宿生活の楽しみを垣間見たものである。

ある摂心のときなど、下宿に泊まったおかげで、遊び好きのY君に社交ダンスを教えてもらったことがある。私がのちにアメリカに留学してダンスホールに行ったとき、上手に踊ってアメリカ人たちの目を剝かせたのも、摂心のおかげというもので、仏様のご配慮はまこと行き届いたものよと、心で合掌したのも忘れえぬ思い出。

大本山妙心寺の法堂で、天井の竜に睨まれながら、百五十人が心を一つにして沈黙の終日を過ごすということは、じつに言語に尽くせない貴重な体験で、よく考えるとどこの大学でも、いやどこの僧堂に行っても見ることのできぬ壮観で、自分もそのなかの一人であるという感慨は、言い知れぬものであった。

六月の法堂など、南から吹いてくる薫風が快く頬を撫でたし、雷鳴轟く夕立の午後、法堂の高い軒から落ちる雨垂れの音など、大自然に抱かれる思いのしたものである。

秋の摂心は十一月の末で、ビュービューと北風が吹くなかで、みんな白い息を吐きながら、一生懸命に坐ったものである。山田無文学長が摂心中は必ず山内の霊雲院に起居され、学生と一緒に坐り、検単（一人ひとりの前を歩かれる）され、参禅の時間になると、全員一人ずつ老師の部屋へ入って老師と対面し問答させてもらった。

夕方五時頃になると、全員で大きな木魚に合わせて、長い長いお経を音吐朗々と大合唱し、甘い饅頭と熱い一杯の番茶を啜って一日のお開きとなるのであるが、このときの解放感ほどうれしいものはないのであった。

たしか三回生のときであったと思う。大学が、次の摂心から従来の三日間を、今後は五日間に延長すると発表した。学生は学生大会を開いて反対運動を展開、どうしたわけであったか、私は三回生の代表として、中央執行委員長の金本光司さんらと学長の寺へ、白紙撤回要求に行った。

霊雲院の隠寮で、山積みの書物に囲まれて私たちを待ち受けていた無文学長は、にっこり笑いながら、「お前さんらは坐禅が嫌いか。医学部の学生が実験を止めたらどうなるかな。禅坊主が坐禅に反対してどうするのじゃ」と言われた。虎の尾を踏むような思いで恐る恐る参上した私たちは、学長さんの温顔に胸を撫でたが、そこは代表者の責任とあって、「いえ、坐禅が嫌ではありません。しかし学生は勉学が第一であります。自分たちは五日分を三日間でしっかり坐りたいと思うのであります」と主張した。

交渉成立。ついに三日間摂心を勝ち取ったのだが、その次の摂心初日、午前中の坐禅が終わって、昼休みに入る寸前、直日（ジキジツと読む。摂心を取り締まる恐ろしい役位）であった今の天龍寺派管長平田精耕老師（その頃は四十代の平田高士先生、ドイツ語担当）が、「三日間をしっかり坐ると言った奴はどこに居る！　今日は昼めし抜きだ。さあしっかり坐れ」と、また坐禅を始めるチーンを鳴らしてしまわれた。ああ無情、あの日の坐禅の長かったこと、膝頭を切り取って捨ててしまいたいと思うほど脚が疼いた。腹も減った。しかし、それは今でも忘れられない思い出となって残った。そして修行とはこういうものかと身に染みたのである。後年僧堂でどんなに長く坐らされたときも、この日のことを思い出して耐えることができたというものである。

一九五八年（昭和三十三）五月、私は参玄寮（学生寮）の寮監として花園大学に帰ってきたが、寮では毎朝晩坐禅を日課として、六十数名の学生と一緒に坐禅をした。

私は生来先輩に追随して成長した甘え人間であったから、寮監として宗門学生の指導をすることはまったく性に合わない話であった。しかし僧堂を出た直後であり、まだ結婚前のことであったから、その頃は気性も激しく、寮の学生に対しては容赦のない指導をした。ひどいときには、夜の自習時間に寮外に出てテレビのプロレスを観たあげく、ポール・アンカ歌うところの「ダイアナ」を大声で歌いながら帰寮した学生六人を、寮の仏間に集めて説諭し、一人に十打ずつの罰策（樫の棒で思いっ切り肩を打つこと）を与えたことがある。

あの夜、寮監室に帰ってからも興奮止まず、全身がガタガタ震えたが、他人に対してこんなにひどい仕打ちをしたのは生涯ただ一度、このときだけで、いまだに恥ずかしく思っている。法令無親、仏法のためには人情を容れないという禅家一流の大義名分があってできたことではあるが、今はそういう考えは捨ててしまった。

その頃は摂心になると、寮監は直日を担当することになっていた。坐禅中に方丈の方から参禅の合図の鐘が鳴ると、学生たちは一斉に飛び出し、先を競って学長老師の待ち受けている方丈の方へ馳せて行くのであるが、居残って坐り続けている学生を無理矢理引っ張り出すのも、専門道場に倣った直日や助警（直日の補佐役）の役目であった。

M君という学生を引っ張り出したとき、彼の衣の袖に私の足が入ってしまって、二人は法堂の外の月壇（石廊下）に頭から墜落した。そのとき、私は頭が割れたかと思うほどのめまいがした。気がつくと歯が一本折れていたのである。早速、門前の太田歯科という女医の先生に治療してもらったが、それこそ私の若気の至りで、今でも鏡のなかに光るプラチナの義歯を見るたびに、そのときのことを想起し、あの頃の若さは今どこへ行ってしまったのだろうと、往日を懐かしむばかりである。

五

私が花園大学に入った一九五二年（昭和二十七）頃、まだ妙心寺の東隣にあった大学の狭いキャンパスの西南隅に、宇多川の流れに沿って木造二階建ての図書館が建っていた。一階が三十坪（約百平方メートル）ほどの閲覧室で、木製の机と三十人ほど坐れる長椅子が四角く並べてあったように記憶する。もちろんエアコンなどというものもない時代の話で、冬などはほんの二、三人の学生だけが、貧乏ゆすりで素足の下駄をガタガタ鳴らし、煙草の煙など上げながら本を読んでいた。

夏になると川面を走る涼風が、そのまま開け放った窓から流れ込んできて、まことに気持ちのよい休憩所にもなった。詰襟の学生服を着て通学してくる同級生や、寝巻の上にジャンパーなど引っ掛けた参玄寮の先輩などから、今まで聞いたことのないような男世界の話を聞かされて、心ならずも授業をさぼってしまったのも、その雰囲気のもたらす結果であった。大学には食堂もなく談話室もなかったので、自然そういうことになったのであるが、今にして思えば何たる図書館風景かと懐かしい。

　司書室は一坪ほどの金網を張った部屋で、講義を担当しながら本を整理しているらしい二人の先生がいたが、不在がちであったのでいくら談笑していても叱られる気遣いは無用であった。もちろん、壁面には禅宗の大学らしく「高談戯笑を許さず」とか、「脚下照《きゃっかしょう》顧《こ》」などと雄渾な字で書いて貼ってあったが、それらはお互いの宗門意識を思い起こす、触わりのよい標語でしかなかったのである。

　司書室の奥には、さすがに鉄の扉の入口を持つ鉄筋四階建ての書庫があって、学生は立入禁止である。夏になると書庫の鉄の窓が一斉に開け放たれて、夏休み近しの季節感を与えた。古いアルバムを見ると、この唯一の洋館建書庫をバックにして写した写真ばかりで、何ともいじらしいことである。

　後年、大学に奉職してから初めて書庫に入ったが、書棚の多くは空っぽ。並んでいる古い書籍もほとんど未整理であった。毎年、夏休みに入ると若手の専任職員五名が一週間ぐらいかけて、朝から晩まで架蔵図書の整理をするのが慣例になっていた。七月末の書庫の中は蒸し風呂のように熱く、汗がポトポト流れたが、小さな窓から流れて入る涼しい風と薄暗い裸電球の光が涼気を誘うに十分と思えたものである。

休みに入って学生の姿がないキャンパスは、まるでゴーストタウンさながらで、職員たちもリラックスしてランニングシャツ一枚になり、鉢巻きなど締めて埃っぽい本を整理した。夕方になって、水道で冷やしておいて飲んだビールの味もまた格別で、今日のビヤホールにないおつな味がしたものである。

荻須純道、木村静雄、千田豊泉、大石守雄といった先生たちはもう鬼籍に移られてしまったし、森弘宗、石川良昱、橘恭堂といった先輩たちも大学を去っていかれて、今は私だけが残されてしまった。まことに年々歳々人同じからずの感が深い。

六十年代までのわが国は貧しくて白い紙もなく、かなり著名な私たちの先生がたでも、自分の著書を出版するということは夢のまた夢であったから、どんな古い本も貴重で、一つひとつ丁寧にラベルを貼ったものであった。

そう言えば、本学が専門学校から新制大学に昇格しようとした一九四八年（昭和二十三）頃は、文部省の審査を前にして専任、非常勤の教員が自宅の書斎にある蔵書を運んできて、この図書館に並べたと聞いている。今、中国や東南アジアの国々の人たちが読書したいために、朝早くから図書館の前に行列するということを聞くにつけ、わずか四十九年ばかり前の日本の状況を思い出し、今日の豊饒が罰の当たるように思われる。

あの頃の古い本が、今もヒューミック（大学図書館情報センター）の地階辺りの片隅に押しやられて、老後を休らっているのかと思うと、一度表敬訪問して、かつての労をねぎらいたいような気持ちになる。

この思い出深い旧図書館が壊されて、新しく鉄筋三階建ての図書館・研究室棟がお目見えしたのは一九六三年（昭和三十八）のことになる。古い日記を取り出して同年十一月十八日（月曜日）の条を見ると、「午前十時より落成式挙行さる。二百名の来賓あり。総工費四千五百万円（坪単価十一万円）。設計者は河村専太郎氏、施工は宝建設株式会社」と書いていて、その日の様子が今も目に浮かぶ。

じつはこの建物は金閣寺・龍安寺・銀閣寺・苔寺の四か寺が出資して開設した財団法人禅文化研究所と、本学同窓会とが協力して建てたもので、一階（図書閲覧室）と二階の東側半分（研究室）を大学が、二階の西側半分を禅文化研究所が事務室および資料室として使用し、三階の小講堂と禅堂を両者が共同使用したのである。ここに花園大学と㈶禅文化研究所との深い関係が始まったのである。

当時、大学院の院生であった私は、木村先生に委嘱されて図書館改築の事務を手伝うこととなり、新しい大学図書館・研究室棟の建設資金を集めるため、鞄を持って全国津々浦々の同窓生を訪ねて歩いた。寄付金は一人一万円（当時、私は月一万二千円もらった）

で、寄付者には漏れなく記念品として各派管長の墨蹟半切一枚プラス色紙四枚を差し上げたのであるが、この仕事を通して当時禅界の偉い宗師家がたと面識になり、また全国同窓生の先輩がたの名前を全部諳んじてしまったのは、思いがけない余得となったしだいである。

この時代はわが国の経済の成長期で、昭和元禄などと言われ、本学も学生寮の建設をはじめとして、教室、学生会館、本館と次々に新築され、学部も仏教学部から文学部へと改組転換されたのである。

そして全国の大学は七十年安保闘争へ突入、本学にも学生運動の火が燃え上がった。全館バリケード封鎖と連日キャンパスに聞こえる学生たちの怒号のなかで、この図書館は仮の大学事務所となった。デモ行進が図書館に突入してきたこともあったが、さいわい財団法人の建物でもあったために、ここを封鎖されることは免れたのである。多くの教授会が図書館の三階で開かれ、古い大学の体質が改められていったのも、今は懐かしい思い出となった。

その図書館も一昨年（一九九五年）解体され、今その跡に花園会館が偉容を誇っている。そして旧花園大学の面影は今はもう何も残っていない。嗚呼。

六

過去を懐かしむは老化の始まりじゃないのかと笑われながら、老人らしく思い出の花園大学むかしの物語りを連載させてもらったが、どうやらこの頃にわかに記憶が薄れるのを覚えるようになった。それで今回は、花園村神話に終止符を打たしめることになった、あの学園紛争のことに触れて、昔話の幕を引くことにしたい。

書斎の奥から久しぶりに、一九六九年（昭和四十四）あたりの学生配布のビラや、教授会メモを引っ張り出してきた。埃を払って見るとそれらは色褪せることもなく、まるで昨日のことのようにきれいに残っているが、それだけにまた寒いものが背筋を走る。それは悪夢のような七十日間であったが、今にして思えば百年になんなんとする歴史を誇るわが大学が、旧い殼を脱していよいよ蝶となって飛び立つ前夜の苦しみであったもののごとく、もしあの試練がなかったなら、とうてい今日の花園大学はあり得なかったであろうことは想像に難くない。それにしてもあのように苛酷で頽廃的な日々は、私自身の人生のなかにも稀なる体験として忘れ難い。

一九六四年（昭和三十九）、それまでの仏教学部から文学部（仏教学科、社会福祉学科、国文学科）へと学科改変がなされた。その理由が全学わずか二百人の学生では大学経営が成り立たないという、きわめて現実的なものであったことは間違いない。設立者妙心寺教団にそれを支える財力がなかったから、自然に学生数増員という次善の方法が採られたわけであるが、仏教学科を中心にした学生たちはこれに憤り、これは花園大学の発展と見せかけた経営者の欺瞞であるとして大学批判の狼煙をあげた。

あの頃、運動の中心的な役割をなしていた闘士たちは今、いずれも五十五歳前後の大和尚となって全国津々浦々で大活躍中。私はしばしば彼らと会って盃を交わすのを楽しみとしているのだが、彼らの運動の真意は、宗門大学としての花園大学に対する厚い母校愛から出発したものであったことを誰もが口にし、私もまたそうだったであろうと、わかるような気がしている。しかし実際には、学園紛争はやがてはっきりとしたイデオロギー闘争へと急速に変容し、彼らの叫びがしだいに反権力、反体制の色を濃くしていくうちに、理事会・教授会員の一人である私も、いつしか権力者の一人として彼らに対していたのである。

一九六五年（昭和四十）五月、伝道部の学生が僧衣を着て京都市民のベトナム反戦デモに参加していったことは、私の学生時代にもあった破防法紛砕の円山公園デモ以来のことで、それはそれで花大生の意気のあるところを見る思いもしたが、そのなかに仏教学科の市川白弦先生（その著『仏教者の戦争責任』で今も高く評価せられている私たちの恩師）

の姿があったことが印象的であった。

社会の不正義に向かって意識を昂揚しつつあった学生たちは、やがてその目を学内の諸問題に向けるようになり、一九六六年（昭和四十一）には、授業料値上反対や本館改築反対、白雲寮（本学唯一の学生寮）の民主化、学生会館建設要求など、一連の要求闘争が行われ、結果的には二十六名の学生が処分を受けた。学生たちは敗北感のうちにも、全国の諸大学との連帯を強め、やがて花園大学にも空前の学園紛争の炎を巻き上げたのである。

一九六七年（昭和四十二）、わが国の内外に学園紛争の火の手が上がると、国会に、「大学治安立法」が上程されたが、花園大学では教員学生が一体となって、六月十日から三日間の全学ストを打ち、これに抗議した。スト決行の決議文にはしかし、大学教授会に向けての要求九項目が含まれていた。

当局教授会と学友会の「大衆団交」は、その最も際立った要求の一つであったが、柳田聖山文学部長を座長とする時の教授会はこれを受けて立ち、いわゆる「団交精神」によって全学的に大学改革のための議論を深めようとしたのである。

九月十九日午前九時から始まった大衆団交はその後、毎朝九時から夜遅くまで精力的に続けられ、十一月二十九日、議長団の一方的欠席によって不成立になるまで、じつに七十日間の長きに及んだ。教授会の処分権放棄、出席制度の廃止、学生寮の自治化など、この間に十三通の確約書が交わされたが、これらはすべて団交を通して学生側が勝ち取った勝利である。

七十日間の中頃、団交が決裂して十月二十二日から十一月十五日までの二十五日間、運動学生たちによって本館事務棟が全館バリケード封鎖された。大学はあくまで団交精神を貫く姿勢をもって封鎖解除を呼び掛けたが学生はこれに応ぜず、十一月十一日午前八時、ついに京都府警機動隊三百名が、凶器準備集合罪等の被疑を理由に一方的に学内へ乱入し、これを機にバリケードは一気に解除されたのである。

十二月から授業が再開されたが、学内は頽廃ムードに満ち、授業は運動学生たちの乱入によってしばしば中断され、不毛な議論が延々として続いた。試験が近づくと、地方に帰っていた学生たちが学校に集まってきた。学年末試験の教室は運動学生たちによって封鎖され、教職員が答案用紙を抱えて試験場に突入、ガラスは割れ血を流す場面もあったが、ベルが鳴ると怒号のなかに受験生たちが答案用紙を書き始め、運動家たちはやがて教室を去って行った。それはある意味で、運動学生たちにとって悲しい結末であるように私には思われた。彼らは何のために、はた誰のためにあのように果敢に闘ったのであろうかと思うにつけ胸が痛んだ。

その後いくたびか紛争が再燃した。授業料値上げ反対、大学キャンパス総合移転反対、黛敏郎氏来学反対など、私が当局執行部にあったときにも、多くの困難な日々があった。その頃花園大学に就職されてきた若い教員のなかには、大学当局の優柔不断な姿勢を詰《なじ》る人があった。その人たちは、かつて大学紛争のとき学生の側にあって、いわゆる進歩的文化人の装いをなす教授たちの不誠実に飽き飽きしてきた人のようであった。こうして私はまたもう一度、自分の態度について深い反省を余儀なくされたのであった。

一度は運動学生たちによって自分の学んだ花園大学の旧態を自己批判せしめられ、ここにきてまた自己改革したはずの自分の態度が、別の角度から批判されることによって、いかに自分が確固たる精神に基づかない人間であるか、を思い知らされたのである。

学生としてこの大学の門を潜ってから今年で四十五年になる。人生の七〇パーセントを花園大学というこの特殊な空間で過ごした私にとって、花園大学の質と量は、そのまま私自身の質と量でもある。今私が自分についてさまざまな戸惑いを感じるのは、この大学そのものの戸惑いなのであろうか。

キェルケゴールとの出会い

一

花園大学へ進学した私は、当時の禅界を代表するような老師や学者たちの薫陶を受けて、その後の人生を決定するような、禅僧としての道を開いてもらったのであった。花園大学の四年間において受けた学恩には計り知れないものがある。もしこの大学に学ぶことがなかったならば、自分はいったいどのような人生を歩んだか、むろん他の道を歩んだであろうが、人生の充実という点において、今日ほどのことはなかったであろう。

私にとっては、禅宗というものが仏陀の説かれた四十八年の教えを信奉するものではなく、そういう教えが出てきた根拠としての仏陀の前半生、つまり懐疑、出家、苦行、悟りという人間探求のプロセスを、仏教徒である一人ひとりが、自己の身の上において追体験すること。そういう禅宗にとっての本質的なことを、さまざまな講義や先生たちの態度を通して学んでいた。

さて、卒業を目前にしてそういう禅宗の教えをどのように一括して卒業論文にするか、これは二十二歳の私にとってほとんど不可能に近い課題となって迫っていた。この危機的状況を救ったのは、思いもかけぬことながら北欧の思想家ゼーレン・キェルケゴールであった。たまたま書店で手にした一冊の雑誌、『理想』二六九号「キルケゴールと現代」（理想社、一九五五年十月）が私のその後の人生を決定したのである。

主体性こそ唯一の真理であるということを主題とした私の卒業論文、「キェルケゴールの実存と禅の実存」は、口述試問において指導教授の久松真一博士から徹底的な批判を受けた。キェルケゴールが思想の基盤とするキリスト教に対する私の安易な理解を厳しく誡められたのみならず、他宗教の信仰に対する独善的な理解は、そのまま自分の信仰そのものの貧困にほかならない、ということを知らしめられたのであった。ここで私の禅僧としての独善は打ち砕かれ、私は世界宗教の人びととの対話の広場へと導かれることになったのである。

二

大学院に進学した私は武内義範先生の指導でふたたび正面からキェルケゴールと向き合うことになった。当時は今のようにデンマーク語ではなくて、ヒルシュによるドイツ語訳キェルケゴール全集から『哲学的断片』や『哲学的断片への後書』、あるいは『死に至る病』や『不安の概念』など、電車の中、駅の待合室と、場所を選ばず辞書を片手に読みあさった。意欲に漲《みなぎ》っていた若い日の懐かしい思い出である。

私が禅宗の学徒として、キェルケゴールの思想から学んだことは多いし、さらにそれが後になって私の禅学を構築するときの方法論の基礎になったことは、当時はまったく思いもよらないことであった。いかにして真のキリスト者となるか、を生涯の課題としたキェルケゴールの思想と、禅の思想が深く通じ合うなどというと、キリスト教の人も禅宗の人も、ともに眉をひそめるであろう。しかし両者の通底こそ、私が感動を持って見出した禅学の基盤にほかならなかったのである。そのことについての詳しい内容は、たとえば日本キェルケゴール協会編、『キェルケゴール研究』第二四号に載せた「禅とキェルケゴールの通路」をはじめ、多くの機会に発表してきたのでここでは繰り返さない。

とくに彼が信仰を、宗教性A（主体性＝真理とするソクラテス的なもの）と、宗教性B（主体性＝非真理とするキリスト教的なもの）の二重構造（主体性＝真理＝非真理）としているところが、仏教でいう即非の論理などと通じているのである。

キェルケゴールの信仰の二重構造はまた、武藤一雄先生が明快にも信仰神秘主義と名付けられたものであるが、これが私にはまことに魅力的な理想的信仰内容の説明と思われたのである。どんな宗教にせよ、まずは自分の信仰として実存体験的にしっかり受け止められなければ、それは単なる空虚な教義になってしまうのであり、そんなものは観念哲学にすぎないのである。その点でキェルケゴールは哲学者や神学者ではなくて、どこまでも信仰者であり思想家であった。キェルケゴールは汝自身を知れといったソクラテスを、まずはみずからの師としたのである。

その上に立って有限なる主体性を徹底考察し、そういう主体性が確立されるための条件として神を必要とした。キェルケゴールにとって神は、人間の姿をとった逆説としてのイエス・キリストであり、歴史を超えてキリストと関係することによって、真にキリストの弟子となり、彼の信仰を確立しえたのである。

宗教性Aでキェルケゴールが確立した主体性の内容は、徹底して人間の有限性（または罪人）ということであるが、これこそ仏陀が観察された人間の生老病死という根本的な四苦ということにほかならないのであって、この点でキェルケゴールは仏教と深く通底するのであり、そういう人間の有限性を、身をもって自覚することを信仰の条件とする点は、仏道の修行が、人生上の大疑から始まることと、軌を一にしているのである。そういう視点から、一年間講義したのを纏めて、『迷いの風光』（法藏館、一九八六年）として刊行したことがある。その頃から私の禅に対する見方は、伝統宗学に遠慮のない独創的なものへとなっていった。

キェルケゴールの場合、そういう絶望的な人間を救済に導く者は、キリストにほかならないのであるが、禅にはそういう絶対他者というものはない。禅において絶望的なこの生死的苦悩の自己の救済は、自己自身のうちでの超越でなければならない。自己のうちにおける自己からの超越とは、自己の脚下を掘って、脱底的に自己の外に出るほかはない。その点において禅は、キェルケゴールと反対の方向を取るであろう。しかし、自己がキリストの前に死を選ぶ決断と、禅者が日常的自己に大死一番することとは、ともに真実の自己に生まれ変わるための道としては、まったく同じ軌跡であろう。

さらにまた、キェルケゴールにおける教師としてのキリストと、禅の修行における師の役割についても、師が弟子に対する拒絶(キェルケゴールの場合は、絶対的逆説性)の態度において一致している。つまり真理の教師の弟子に対する真理伝達の方法としては、師が弟子に真理を伝達することはあり得ないのであって、あくまで弟子を自己のもとへと突き返すことが、師の師たる役目である、ということも、じつにキェルケゴールと禅の一致する点であろう。

まあ、これらはキェルケゴールを通して知らしめられた、禅とキェルケゴールに共通する思想構造のほんの一例にすぎないのであるが、このようにして私は禅の内部にあっては自覚することのできなかった普遍的な宗教性というものを、キェルケゴールを介して明らかにすることができたのである。

三

一九七一年の冬学期、米国ミネソタ州にあるカールトン大学に、客員教授として滞在する間、私は隣のセントオーラフ大学を訪ね、まったく偶然にもハワード・ホングという先生に出会った。ホング博士は奥さんと共にデンマークのご出身で、アメリカにおけるキェルケゴール研究の第一人者であると聞き、大いに驚くとともに、その不思議な出会いに感動した。ご夫妻は協力してキェルケゴールの著作を、デンマーク語から英訳することをライフワークにされているとのことであった。

先生の方でもまた、禅僧である私が、キェルケゴールの思想に深く影響されていることを知って、大いに喜ばれ、いったいどういうわけで貴方がキェルケゴールに関心を持たれたのか、としきりに尋ねられたのであった。

さっそく別の夜、先生のお宅へ夕食に招いていただいたのであるが、先生が私財を投じて作られたキェルケゴール研究所には、キェルケゴール研究のための書物や資料が、ぎっしりと並んでいたのである。百年前にキェルケゴール自身が読んでいたカントやヘーゲル、あるいはシェリングなどの初版本はもとより、キェルケゴールを目の敵のようにして揶揄し続けた新聞、「コルサール」紙が揃って保存されているのには、思わず固唾をのむ思いがしたものである。

十年後、ふたたびカールトン大学に出講したとき、ホング先生は両手を広げて私との再会を喜んでくださった。キェルケゴールによって結ばれた深いご縁は今も続いている。

四

一九九九年四月三十日の昼下がり、私はコペンハーゲンにあるデンマーク王宮の中庭に入った。はるばる北欧までやってきたのは、お隣の国スウェーデンのルンド大学神学部主催シンポジウム、「グローバルな対話における神の観念」に参加して、仏教の側から意見を発表するためである。

旧友ランデ教授の招きを受けたその瞬間から、私にはキェルケゴールのことが念頭にあって、今回はぜひとも彼の故国を訪ねようと、それを楽しみにやってきたのであった。

中庭のチューリップ花壇は、光りに映えて美しい芝生の庭にひときわ色めきを添え、まわりの木立からは春の日ざしが新芽のうす緑を通して薄い日影を落としている。中央の噴水はいま工事中で覆いがしてある。若い一組の恋人らしき男女のほかに誰もいない。

門をくぐって右奥の木陰に、私の出会いたかったその人は固い椅子に掛け、右の手に羽ペンを持って本を読んでいた。私はその人の側に駆け寄り、しばしのあいだその憂愁に満ちた顔を見上げ、膝の辺りに手を置いていた。貴方こそ私の人生の思想を決定した人、そう心の中で訴えていた。

私は王宮の庭からまっすぐ歩いて市街のはずれにあるというコペンハーゲン市立博物館に行って、とくにお願いしてキェルケゴール特別展示室を開けてもらった。陳列室はわずか十点足らずのものでいささか期待がはずれたが、彼がやがて破棄される婚約者レギーネ・オルゼンに宛ててしたためた長文のラブレターの現物を見るだけで、十分満足であった。

その夜、コペンハーゲン在住の高倉尚子さんの要請を受けて、アジアハウスに出掛け、親日家の市民の皆さんに、次のような話をさせてもらった。

いったい私がキェルケゴールに取りつかれた理由はどこにあったかというと、キリスト教徒である彼が、「自分はいかにして真にクリスチャンになりうるか」ということを課題として生涯を生きたからである。彼は、クリスチャンが真のクリスチャンになることは、異教徒がクリスチャンになることよりもずっと難しい、と言っている。

つまり教団のもつ歴史の重圧によって個人の内部にある本当の信仰というものが、かえって覆い隠されてしまうということである。それで彼は神の前の単独者として、ひとりでイエス・キリストの前に自己をさらけ出そうとしたのであった。若い日の私はキェルケゴールのこの独特の課題に触発されて、自分にもただ惰性によって禅宗という教団の中に生きることとは別の、自分だけの「真の禅僧」としての道がなければならないのだ、ということを自覚せしめられたのである。

こうして私は、禅とは何かと問われるならば、躊躇なく「己事究明の行道」と答えられるようになった。禅とは坐禅であり悟りであるというのが一般的な理解であるが、それが何のためであるかということになれば、この他に変えがたい自分との関係を保ちつづけるためであって、それ以外の何物でもない。禅宗にとってこのもっとも肝要なことを、わざわざキリスト者であるキェルケゴールによって知らしめられたことは、まことに皮肉な事実と言わなければならない。

宗教者同士の対話は、私の信仰の再確認という意味を持って、私の人生に大きな刺激と恩恵を与えたのである。そしてかかることの緒になったのが、キェルケゴールとの不思議な出会いであった。

禅学の道ひとり旅

一

大学は出たけれど、という合い言葉の流行った昭和三十年代。地方の中学や高校の教師を志願していた私は、二年にわたる滋賀県の教員採用試験に見事に不採用になって、絶望的な日々を送っていた。それを救っていただいたのは、参禅の師柴山全慶老師であった。一九五八年（昭和三十三）五月、私は思いがけなくも学生寮の寮監として母校に戻った。まるで昨日のように思われるが、あれからもう四十三年の歳月が矢の飛ぶように過ぎていったことになる。

結婚とともに寮監を退かなくてはならなくなり、ふたたび途方にくれていた私に、新たなる道を開いてくださったのは、恩師緒方宗博先生であった。先生は若い日アメリカへ留学された経験があり、宗門人で英語を話すことのできる稀なる学者であった。

一九六〇年から一年余り、米国ペンシルヴァニア州にあるペンデルヒル宗教研究所に留学してキリスト教、とくにクエーカー教の研究に出掛けた。結婚して半年、月給七千円の貧乏書生が往復旅費だけで三十万円を支度し、若き妻を残して遥かなる地球の裏側に向かって、横浜の港から十四日間の海路に出発した日は、今にして思えば、まさしく私にとって学問への旅立ちの日であった。

帰国して京都大学の大学院へ進学できたのは、久松真一先生や阿部正雄先生の叱咤によるものであり、そのご恩は思うだにいよいよ深い。アメリカに滞在していて、私はつくづく自分の不勉強を思い知らされ、帰国の後は必ず西欧の哲学思想の研究を、一からやり直すべきことを固く心に決していた。それで無理を覚悟でひそかに受験勉強をして大学院の受験に挑戦したというしだいであった。

大学院は六年かかってやっとの思いで満期退学できた。はじめて教壇に立ったのは英語の教員としてであった。古い卒業生はその頃のことを覚えていてくれる。続いてドイツ語を教えるようになり、やがて哲学や宗教哲学というような専門的なものを講義するようになっていった。

二

籍が一般教養課程から仏教学科へ移ると、私も禅学の講義を担当せざるを得なくなった。

花園大学の禅学は、伝統的に禅の宗旨を究めた師家分上の方が担当せられることになっていた。禅学はいわば花園大学教学の聖域であって、凡俗のものが担当するということは恐れ多いことであった。

この伝統を打ち破ったのは柳田（当時は横井）聖山先生であった。先生も大谷大学で真宗学を専攻されたから、禅学の素人であった。しかし先生は京都大学人文科学研究所で学問の方法を学ばれていたから、中国初期禅宗の史書研究に、果敢な先鞭をつけられたのである。

ところで私は禅宗の歴史や語録については、習い覚えの知識を持つ程度で、教壇に立って講義するほどのものは持ち合わせがなかった。だから担当の科目は、自分の専攻した宗教哲学を中心としたものに限らざるをえなかった。そのころ毎年のように学内で、禅学研究発表大会が開催され、学内外の研究者たちが、それぞれ研究発表をされた。西義雄先生、福島俊翁先生、古田紹欽先生、鎌田茂雄先生など、みんな宗門の学者として楽しい発表を聞かせてくださった。

ところがこの会は、専門領域を異にする私にとってまことに辛いもので、いつも夥しい疎外感に襲われていたものだ。この迷いを払拭していただいたのは柳田先生で、あるとき私が、禅学研究の発表会にキェルケゴールでもいいですか、と弱音を吐いたとき、禅宗の者でキェルケゴールをやるのは君だけだから、それもよろしいのではとのこと。その日から胸を張ってキェルケゴールで発表するようになった記憶がある。これも蒙った学恩の一端である。

その頃、春秋社におられた山折哲雄さんが、駒沢ではみんな道元さんで窒息しそうだが、ここではキェルケゴールまで出て風通しがいいね、と言われたことが強く印象に残っている。私の弱気を決定的に直してくださったのは西谷啓治先生で、大学院へ入った直後、吉田山の麓に先生を訪ねて、大学院でキェルケゴールをやることになりましたと報告すると、君そりゃいいよ。禅の人がキェルケゴールをやるのはいいことだと、即座に賛成していただいたのであった。私はたいへんうれしい気持ちになって、先生の家の玄関を出たのを覚えている。

仏教学科の教壇に立って十年ほどすると、外国の大学から仏教の講義に招かれるようになったが、そうなると公開講演などもさせられ、自然に禅の話が中心になる。禅のことは知りませんでは済まされない。そこでしだいに自分なりに、禅とはこういうものであるというようなことを、纏めておかなくてはならなくなってきたのである。

歴史的なことや文化的なことは、欧米の人たちにとってそれほど関心のあることではない。むしろ禅とは何かというような規範的、本質的なことが彼らの関心である。そうなるとどうしても自分が禅についての確信のようなものを持っていないと、質問の嵐の前に立つことはできない。こうしてしだいに私なりの禅の思想というようなものができ上がっていったのである。

それが正しく禅宗の伝統的な説明ではないとしても、少なくともキリスト教の枠内で伝えられてきた哲学思想に行きづまっている人たちに、突破口となるようなヒントを与えるだけで十分に意義あることと思うにつけ、それが自然とわが信念となっていったように思う。

三

思想というものは、そもそものようにして構築されていくものではないかと思うにつけ、最近の私は一種の確信に到達した。私にとって禅の体験は思想構築の地盤であって、それが私のすべてではない。もとより私は伝統的な禅の宗旨を軽視するものではない。禅の体験こそ禅宗の生命であり、このことなしの禅の思想というものはあり得ないと確信している。

禅宗において相承されてきた仏祖の慧命は今後も密々と伝えられていかなければならないし、私もその一端は一通り垣間見たつもりである。しかし、それだけではこのグローバルな時代において、禅宗の存在する意義がないのではないか。そこには個人的禅体験の普遍的開示としての思想が、どうしても必要であると、私は固く信じている。そしてそれが花園大学の存立理由であるとさえ思っているのである。

私の博士論文は『己事究明の思想と方法』(法藏館、一九九三年)であり、それが私のようやくにして構築し得た禅学である。その基本思想は自己究明の禅的道程である。人間というものの存在構造の虚構と苦悩、およびそれからの超越の問題をあらゆる角度から論じたものであるが、その発想が深くキェルケゴールの思想によっていることは、我ながら驚くほどである。

本論文の後半においては、禅林修行の逆説的構造を探求しているが、この場合は叢林という禅宗に独自の集団生活形態を、禅思想の現象形態として現象学的に分析しようとする試みである。世俗世界から出離して単独的行脚を辿り、あらためて参入する出家修行者集団としての叢林の生活構造は、きわめて複雑で矛盾に満ちたものである。

殊に己事究明を目的として参入してきている修行者の各個人と、集団生活という社会性との矛盾葛藤を調整する生活規則(清規)の複雑にして逆説的な内容は、時間と永遠、精神と身体の総合という、人間存在そのものの矛盾構造の現象であるということを論じたのである。

四

さてことのついでに、これからの禅学についての私の考えていることを一つ。

私もいままで等し並みに宗教哲学という至難な学問を、自分の研究対象としてきたのだが、いまだにどうしても馴染めないものは、哲学に共通している抽象性である。もちろん哲学の抽象性はあらゆる解釈を可能にするための抽象性であって、これこそ哲学の具体性と言わなければならないであろうが、純粋哲学はやはり私には苦手である。哲学が真に自分の生きざまと直接しないもどかしさには、私の性分として耐えられないものがあって、私はやっぱり哲学の落第生ということになるのであろう。

しかし、かつてカントが『純粋理性批判』の序文で述べているように、理性なき哲学は盲目であると同様に、感性なき哲学もまた空虚であるということは、私にとってもやはり実感なのである。じっさい現代の哲学を眺めても、五十年前とは違ってその主流はキェルケゴールを嚆矢とする実存哲学、あるいはフランスを中心とした実存現象学の流れどいうことになっている。そうであれば、禅宗の伝えてきた思想内容にも、新しい哲学を提供しうる可能性が秘められているのではないかと思う。

そういうことを考えていた研究生の頃、私に示唆を与えたものは、西谷啓治先生の初期論文、「アリストテレスの共通感覚論」であった。先生は若い日にドイツ観念論哲学を学び、また教壇に立ってこれを講じられたが、そういう哲学の持っている抽象性に対して足の地につかない思いを禁じることができず、そこから禅の道に入り、坐禅の実践によってこれを克服されたという。

それは先生の言葉によれば、先生の中での「哲学以前」から「哲学以後」への転換であったらしい。アリストテレスにおける感覚の意義は、今日、メルロ・ポンティを代表とするフランス系実存現象学においてふたたび中心的なテーマとなり、我が国でもこれに触発されて、市川浩氏の『精神としての身体』(勁草書房、一九七五年)や、中村雄二郎氏の『感性の覚醒』(岩波書店、一九七五年)、あるいは湯浅泰雄氏の『身体』(創文社、一九七七年)などが発表された。

私は、そういう現代哲学の身体性に対する注目に深い関心を抱くとともに、古い思想的伝統をもつ禅宗の身体重視の思想こそ、いまや哲学の世界でその意義を再発見されるべきではないかと考えている。そして、そういう禅仏教の現象学的分析の試みも、すでに西欧の哲学者たちによって始められている。そういう事態をどう見るか。これも私の今後の課題である。

「自己をならふ」の宗教哲学

一

『正法眼蔵』現成公案において、道元が「仏道をならふといふは、自己をならふなり」と書いているとき、この「ならふ」ということがなぜ「ならふ」であっていつものように「学道」（まなぶ）でないのか、ということを私なりに考えてみたい。これを宗教哲学的になどというと、まるで木に竹を接ぐようなことになるであろうが、ただ道元の仏法についての門外漢が、「門外の者、門内の事知らず」と一蹴されるのを回避するために「哲学」などを持ち出しただけである。

ただ一般的にいって、宗教における聖典の読み方には、その信奉者が篤い信仰心から宗教的に読む場合のほかに、信仰とは別に自由な立場からこれを読むことも許されてしかるべく、宗教は場合によって素人の参加によって、思わざる思想の展開に導かれる場合もあり得ると思うからである。

むしろ固陋な伝統的読みのならわしによって見えなくなってしまっている本来の意味が、素人の独創的で活力のある読み方によって、かえって明らかになるということは、決して偶然のことではないであろう。「参禅は須く活句に参じ、死句に参ぜざるべし。死句下の薦得は自救不了」（『虚堂録』四）などと誡められるゆえんであろう。

とはいえ箴言はもともと宗門参学の学徒に向けられたものであるから、たとえここで「死句」といわれているものも、なお宗門としてはその根幹をなすものであり、宗旨を盛る器ではある。したがって、まったく参学の経験を有しない市井の研究者が自由奔放な解釈を施し、これをもって糊口の一端とする向きの風潮に、宗門が手を拱いているというのもいかがなものであろうか。ここに参学の徒にして、かつ視野を宗門の外に向かって広げる宗学研究者に課せられた、今日的な課題があるのではないか。

いまひとつの問題は、まことに当然のことながら、仏道参学の眼目は、伝統的に伝えられてきた宗学を対象とするのではなくて、参学の徒が即今聴法底の自己をこそ参究の対象とすべきことが、道元によってわざわざ説き起こされているということである。そのことを抜きにしてこの一段の解釈に終始することは、いたずらに道元の涎を舐める愚行でしかないことになる。

私は道元が「まなぶ」ではなく、あえて「ならふ」とした真意を、とくにそのように実存的、全身的なこととして理解したいのである。そうすると、道元のこの「仏道をならふといふは」の一段は、道元の門庭を出て、門外漢の私とも直接した課題になり得ると思う。

先に死句に対して「活句に参ずべし」といわれたことは、こうして「祖師の自己」に直接参じることとなる。すると仏道の所在は一挙に遥か過去に生きた祖師の足下から、即今ただ今のこの自己の脚下へ超来する。いわゆる日常的時間的自己へではなく、今も仏祖のいますこの「自己の脚下」へである。かくて「活句」の所在は自己の脚下にある。そこに歴史的（生死的）祖師ならぬ超時間的（滅度的）祖師が、今も語り続けている。そこが参ずべき「活句」の所在でなければ、他のどこにも求めるところはないであろう。

師と弟子のあいだに果たされるべき、そういう真理伝達の構造を、皮肉にも私はキリスト教の実存思想家ゼーレン・キェルケゴールから学んだのである。

いったい真理というものは、いかなる手段を用いても、人から人へと直接に伝達することができぬものであって、このことの真実性を説いたのは、もと、遠くギリシャの昔に生きた真理の教師ソクラテスであった。彼は、真理を教え伝えることの不可能なることを知っていた賢人であった。それで彼は市井の人びとに近づき、人びとに対話をしかけ、人びとをしてみずから真理を生ましめるための「助産婦」たらんとしたのである。そのために彼のとった特別の伝達方法は、「皮肉」として知られるもので、彼は弟子に教えるのではなく、弟子をしてみずからの無知を自覚せしめる方法を用いた。

主体性にこそ真理はある、と唱えたキェルケゴールは、ソクラテスを愛し、そういう真理の伝達のあり方を、「真理の間接伝達」として規定した。彼は真理の直接伝達は不可能であると考えた。キェルケゴールの場合、真理の教師はイエスであるが、彼によれば真にイエスの弟子たり得る者は、決してイエスと同時代の直接の弟子ではない。真の弟子はむしろイエスと遠く隔たった時代の弟子であった。教師としてのイエスの近くにいる弟子は、かえってその歴史的有利性のゆえに、自己の主体性真理から晦《くら》まされるからである。

振り返って省みるに、仏道修行における師資の伝灯相承の構造も、まさにこの線上において行われてきたのであった。宗峰妙超の、「仏祖不伝の妙道をもって胸間に挂在《かざい》せずんば、老僧の児孫《じそん》と称することを許さじ」(大燈国師遺誡)の一語は、その端的な標示である。「仏祖の伝えないもの」を伝えるという伝達のあり方があったればこそ、わが禅門の存立も、その優れた意義と固有性を持って、連綿と伝えられてきたのであろう。

繰り返していえば、禅門に「祖師の活句に参ぜよ」というのは、まさに祖師の「自己」(本来の面目)に参じることであって、祖師の語に参じてはならないことの誡めである。祖師の自己とは何かといえば、それは言うまでもなく祖師の生死的自己ではなく、祖師が日常的自己の脚下に親しく相見された、永遠にして無相なる滅度的自己であった。そういう滅度的自己が、歴史を超えてわが自己の本来面目に通底して現在するとなれば、われわれは自己の底を掘って出たその外において、初めて祖師と「親しく」相見することができるであろう。

「祖師の活句に参じる」とは、こうしてわが自己の内なる祖師に参じることにほかならない。そういうわけで私は、『正法眼蔵』に述べられている道元の「ことば」に注意深く従いながら、しかも道元が「仏道をならふ」と言う場合の、その「ならふ」の意味を、伝統宗学からは自由に、こういうことが仮に許されるなら、「宗教哲学の立場」から考えてみたいと思う。それによって道元の教えが内包している世界に開かれた意味を提示できないかと考えるのである。

二

宗教哲学の視点から見て、道元の言う「仏道をならふ」の一句は、きわめて示唆に富んだもののように思われる。道元はどうしてここでわざわざ仏道を「学ぶ」ではなくて、仏道を「ならふ」としたのであろうか。

『正法眼蔵』現成公案の冒頭部分を拝読すると、まず、現成公案世界の過不足なき完全性が、表詮《ひょうせん》と遮詮《しゃせん》の両面から説かれている。表から見れば「諸仏の仏法なる時節」であり、同じものを裏から見れば、「万法ともにわれにあらざるとき」となる。前者は現象世界の縁起的側面であり、後者は現象世界の無自性空の側面であり、これら二面が相即的に全一であることを大上段から説き起こされている。したがって仏道はあらゆる二元相対(豊倹《ほうけん》)を超越しており、余ることなく欠けることなき至道である。

しかもこのような完璧な現成公案世界は、散る花となって人をして愛惜の念を生ぜしめ、また茂る雑草として嫌悪の念を起こさしめる仕方で、われわれにそのありようの真実を突きつけているという。このようにして道元は、現実世界の一指触れることのできない完全性を提示する。

道元によれば、そういう過不足なき現成公案世界を、今さらのごとく修証《しゅしょう》することは迷いであり、むしろそれを修証するのは世界自身の側からでなければならない。しかも現成公案世界から修証されても、自己が仏となるわけではなく、ただ諸仏が諸仏となることにおいて、この自己が諸仏にほかならないことが証せられるだけであるという。たとえわれわれが全身全霊を挙げて、現成公案世界を会得しえたとしても、それは決して世界と自己との完全な一致ではありえないと説くのである。このような道元の説示を読んでいると、殊に私のような臨済家の立場にある者からすると、歴代の祖師が叱咤激励した自己開発の面が薄らいでいくようにさえ思われてくる。

ところが道元は続いて、「仏道をならふといふは、自己をならふなり」の一段を提起してくる。こうして課題がにわかに自己のうちへと突き返されるとき、道元の立場がいわゆる絶対他者にすがる救済宗教のそれと、一線を画するものであることを知る。そして道元が、「仏道を学ぶ」ではなく、「仏道をならふ」と言い換えている点に、あらためて深い意味のあるのを覚える。

『正法眼蔵』のなかに「学道」の語は九十回と頻出するのに対して、「仏道をならふ」の語はただ一回この箇所だけである。もっとも『正法眼蔵』にも「学習」「習学」「修習」「習禅」「習定」など習うを用いた語が見えるが、これらはいずれも坐禅の実践の意味と見ることができる。しかしここでは、続いて「自己をならふなり」とあることから、やはり何かに「倣う」というようなニュアンスの語であり、修禅とははっきり趣きを異にした「ならふ」であると見てよいであろう。むしろ、「自己」という主体的、能動的な語と、「ならふ」という他者優位の受動的、追随的な語との、このはざまにこそ道元仏法の本質が見えるようにさえ思われる。

先に示されたとおり、現成公案世界のなかに生きるものが、自然外道の邪見から脱する道は、「諸法の仏法なる時節」に「ならふ」ことによって、仏に証されるだけである。この場合障碍となるものは、進んで現成公案世界を証しようとする自己のあり方そのものである。もともと「諸法の仏法なる」現成公案世界を、迷いの世界に転じるものは、自己意識から自己中心的に（遠近的に）世界を見るという分別認識の虚妄性に基づいている。したがって世界が世界として自立するように返本還源せしむる唯一の仕方は、「自己をわするる」ことによってでなければならないということになるであろう。

三

ところで「自己をわするる」ということは、実践的にはいかなることであろうか。禅門に関する限り、事態は必ず実践的でなくてはならないはずである。ではいったいわれわれが日常において「自己」という場合の、その自己の内容は何であるか。それは「われはわれなり」という、いわゆる自己意識のことにほかならない。それがなければわれわれは、自己を自覚することがないわけである。

しかし、そのように自覚された自己は、すでに意識の介在によって確認される自己であって、客観的に見られた自己であるから、そういう自己はすでに意識以前の自己そのものから離れたものである。

真に自己というべきものは、意識以前に存する端的な存在であるはずである。たしかに、目を覚まして自覚する自己とは別に、それまで眠っていたときにも存在していた自己もあったことは事実である。しかしそういう自己は残念ながら意識に上ってこないから、いわば無きに等しい自己ではある。しかしそういう自己こそ、真に直接的な自己そのものではないか。

しかし、日常の自意識的自己が真の無意識的自己と別の自己であるならば、そういう自己が眺める世界もまた、意識を介在し、表象を通して眺められた世界であり、真に世界と直接した世界ではない。つまり世界そのものではないことになる。つまり世界は世界そのものとしての世界ではなく、われわれの意識を介在して眺められた世界にすぎない。

それはあくまで虚妄の世界ということであって、世界そのものを全体露現していないであろう。真の世界そのものは、大燈国師の言うごとく、「耳に見て眼に聞くならば疑わじおのずからなる軒の玉水」という仕方でしか、それ自体を顕現し得ないのであろう。道元の「自己をわするるなり」とはそのように、日常意識的自己を止めることではなかろうか。

さて、「学ぶ」ということを、あえて知的目的をもって対象に向かうことであるとすると、「ならふ」ということが、きわめて実践的、体験的な内容を持ち始めるように思われる。「仏道をならふ」ということが、あくまで仏道を体験することであって、客観的に学習することでないことは言うまでもない。

ところで「体験」ということについて一般には、自己が何かを体験するというように考えられている。しかし、そのようにいわれる体験は果たして本質的なものであるのだろうか。われわれが日常的にする体験は、いわば自己が自己をとりまく世界を体験することである。

よく考えてみれば自己そのものの内容も、じつはこの世に生を享けていらい、世界から与えられた無数の体験の束にほかならないであろう。それ以外に自己と言えるものはなく、また人生も無数の体験可能性のうちの、極く限られた体験の束にすぎない。しかし、そのような体験はきわめて偶発的かつ一時的なもので、あたかも外から飛来した塵のように、やがてまた自己から離れて去っていく。自己の中に残るものは観念としての記憶でしかない。

ほんらい体験というものは、そのようにして個人のものなのではない。たとえば花の散りゆくのを愛惜するとか、草の生い茂るのを棄嫌《きけん》するというような体験をみても、それは決して個人に属するものではなく、個人を超えてその存在の底を流れる、愛とか嫌悪という広大な体験の、潮流の泡粒ほどにもならぬものである。

そのような体験の本質について、かつて西田幾多郎は、「個人あって経験あるにあらず、経験あって個人あるのである」（たとえば『善の研究』序文）と述べたのである。真に体験と言うべきものは、そのように個人的自己を超えるものでなければならないであろう。

ここに開かれる地平は、自己を超える絶対他なる世界であるとともに、しかもわが内なる世界である。これは「自己の内なる客観性」であり、また「彼岸よりもさらに彼方なる此岸」とも言うべきものであろう。

かつて西谷啓治が良心を説明して、それが「もっとも主観的なものでありながら、しかもこのわれを呵責してくる意味においてもっとも客観的なもの」（『平凡社百科事典』良心の項）と言ったことをもまた、それがカントの実践理性のことをいうとともに、また西谷自身の深い体験からの言辞であったことは疑いない。

ともあれ日常的自己の根底には、自己の出生以前から自己の死滅以後にいたって、永劫に連なる世界が開かれていることは、誰も否定し得ないであろう。この地平こそ歴代の祖師たちが一度は降り立った超自己の地平であり、われわれもまた自己の脚下を掘ってこの地平に立つとき、彼らと通底し、彼らと「手を把ってともに行き、同一眼に見、同一耳に聞く」歓喜を得ることができるであろう。

四

道元が「仏道をならふとは、自己をならふなり。自己をならふとは、自己をわするるなり」と言ったことは、まさにかかる体験を通して仏道をならふ（祖師の活句に参じる）ことであったであろう。先に現成公案世界が縁起的諸現象と無自性空との相即的全一世界であることを見たが、そういう世界を「ならふ」とは、「自己」の底を掘って自己の外に出ることでなければならない。ここに道元が「自己をわするるなり」といっていることは、まさしくこのような「脱自」あるいは「脱底」を断行することであり、自己が日常的、時間的自己にとどまる限り、「諸法の仏法なる時節」を見ることは、まずあり得ないであろう。

さらに、「自己をわするるといふは、万法に証せらるるなり」という一文には、自己が万法を学ぶ立場が、万法によって証せらるるという立場によって逆転せしめられている。自己を忘れるということはそのまま、自己を超える世界に包まれてあるということである。道元はそのようにして自己が無我の世界に包摂せられていることを自覚しているのである。「万法に証せらるるといふは、自己の身心、および他己の身心をして脱落せしむるなり」とはそういうことではなかろうか。

道元にあって仏道は「学ぶ」ではなく、「ならふ」であった。私が理解しようとするそのことの深い意義は、ここで少しく明らかになってきたと思う。自己が脱底的に自己の外に出ることとは自己の否定であり、決して容易なことではない。道元の仏法はその意味できわめて自力的であったはずである。しかも彼が見出したものは、自己の底に開ける無限広大な世界であったに違いない。自己はそういう世界のなかに包まれているのであるが、そういう世界のあらゆる存在（諸法）のありようは、仏法として豊倹を超えたものである。そこでは生滅あり迷悟ありということと、生滅なし迷悟なしということとが相即的である。

ひとたび自己を脱した自己がふたたび現実生活世界へ還帰するとき、その自己はもはやかつての自己としてではない。それは「われにあらざる自己」であり、世界の側もまた「われにあらざる時節」を現成している。自己も世界も同じ根からのものとして一体であり、かつそれぞれとしての独自性を発揮している。そういう新たな創造的世界において、「花は愛惜に散り、草は棄嫌におふるのみ」という現実は、旧時の容を改めぬままに、「第二の直接性」としての真理を露呈するのである。

「悟迹《ごしゃく》の休歇《きゅうかつ》なるあり、休歇なる悟迹を長長出ならしむ」という一段は、そういう悟りの世界をさらに超え出た向上の世界のありようを示していると思う。現成公案世界が真に現成公案世界であるためには、悟迹の翳りがあってはならない。ここに一点の悟りの翳りなき現成公案世界こそ、道元の言う「休歇なる悟迹を長長出ならしむ」明るい世界ではあるまいか。

住職退任の日に

「人生って不思議なものなのね」という美空ひばりの歌を聴いていて、私もこの頃つくづくそう思うようになっている。

臨済宗妙心寺派石馬寺の檀家の末子としてこの世に生まれた私が、深い仏縁によって、二歳のときに親の元を離れて、能登川の興福寺にもらわれてきたことは、どうしても不思議で、今でもまだ夢を見ているような気持ちである。

ともかくも少年時代から、禅寺の子だというので、在家の友達と違う生活のなかで育てられてきた。小学校の頃からお経を教えられ、毎朝学校へ行く前に必ず本堂から庫裡の拭き掃除をさせられ、学校から帰るとまた庭の草とりをするのが日課で、皆と一緒に遊ぶことができなかったのが、今でも悲しい少年時代の記憶である。

しかし、師匠の一途な導きのおかげで、今まで一度も迷うことなく禅坊主の道を歩んでこられたことを、感謝するこの頃である。

私の人生には、このようにして他の道に進むことが決して許されないようなはっきりしたレールが敷かれていたので、私はただその上を一生懸命に走ったにすぎない。結果的には、それは有り難いことで、もし私に人生の選択が許されていたら、今頃何をしていたか見当もつかない。やはり人生にはある程度拘束力というものが必要なのであろう。

一九五九年（昭和三十四）の三月の晴天の日、私は二十六歳で晋山式を挙げてもらって、青い頭をピカピカさせたこの寺の新住職となった。それから八年後に、師匠に七十七歳で遷化（逝去）されてから、私はやっと住職としての責任を感じるようになったわけであるが、それでもまだ三十歳を出たばかりでは、檀家の皆さんが自分より年上の人ばかりで、寺の経営にはずいぶん苦労をしたものである。

あれから三十年、私はどのようにして過ごしてきたのかも思い出せないような、それはそれは忙しい毎日を送ってきた。寺にいては檀家の葬式法事はもとより、境内伽藍の維持や整備、それに子供たちの教育、大学に出ては研究の実績を上げなくてはならず、また片道二時間の通勤を余儀なくされ、まるで火の粉を払うような毎日の連続であった。

幸いに檀家の皆さんには私の不在を詰る人もなく、よく私の立場を理解していただいたおかげで、何とか二足わらじの人生が全うできたわけである。

この数年、私は檀家の主人がほとんど自分より若くなっていることに気がつき、いつの間にこのように世代の交代が起こっていたのかと驚くにつけ、自分の心境がにわかに変わっていくのを覚えるようになった。

それもそのはず、私はすでに六十四歳、新命和尚も三十六歳になってしまっていたのであるから。私が二十六歳で晋山したことを思えば、すでに遅きに失したこの住職交代を一日も早くすべきであると思うと、この気持ちを抑えることができず、皆さんからは早すぎるのではないかと慰められながらも、住職引退に踏み切ったしだいである。

何もかも、昨日のままに秋立ちぬ——そういう心境で私は今年の秋を迎えたところである。

ただ羞を識るのみ

恥ずかしながら、私はいまだかつて人生を一変せしめるような宗教体験を味わったことがない。このことが禅坊主としての条件において決定的な欠如であることぐらいは、ほかならぬこの自分が一番よく承知している。別に祖師たちの語録に書いてあるような大悟徹《だいごてつ》底《てい》の大歓喜を得たい、などというような横着なことを望んでいるわけではない。ただ、在家の人にさえ九死に一生を得るような経験に出くわして、その後の毎日を深く嚙みしめつつ送っているというような羨ましい人があるのを聞くと、自分もそのような生の充実感を爪の垢ほどでも味わって死にたいものという羨望は、今でも抱いている。

言ってみればこの私は、いまだに、世界と人間は無常・苦・無我にほかならないのだ、と仏陀が説いた「真実」に直面する機会に恵まれないまま、のらりくらりと人生をすり抜けてきた、中途半端な人間でしかないのだ。このことを私は今、一番恥ずかしいことと思っている。皮肉な話であるが、私がこういうていたらくな人生を送ってしまった根本原因が、幼少にして在家の貧乏暮らしから拾い上げられ、人の苦しみも分からぬ坊さんたちの仲間に入ってしまったことにあったと告白せざるをえない。

苦悩せる人びとを導くことを使命とするはずの宗教者が、苦悩を体験していないということほどの欺瞞もまたないのではないか。また、苦悩を契機として人生の味わいを深めた人たちを前に、苦悩からの解脱体験もなしにぬけぬけと人生の悦びを語るほどの虚偽もないものよと、常づね内省はしながら、引き返すこともできないままに、この道をもう六十年も歩み続け、それもやがて終わろうとしているのである。私はやっぱり、衣ばっかり大きくて中身は小っちゃな海老一匹という、「京都の天麩羅うどん」と大差はないのである。

無理に私の宗教体験らしきものを探し出してみれば、それは常づね心の奥底から私を覚醒せしめるこのような「識羞《しきしゅう》」の自覚であるというほかはない。そして今、この羞《はじ》を識《し》るということだけが、私に残されたとっておきの「宗教的自覚」となり、これこそが今、宗教者としての自分のアイデンティティーを守る背水の陣である。

私は一個の宗教者として、この人生を終えるその日まで、そういう自覚を根拠として偽りなく、自分に正直に生きていくことができるものと信じ、また自分の生きざまは是非ともそうあるべきものという思いにかられている。しかもそういう「識羞」の自覚こそは、単に自分だけの自己満足に終わることなく、これからの世界における人間同士の共生を可能にし、その前にはあらゆる宗教的信条の独善が吹っ飛び、人権差別の根本的錯誤も解消するものと、固く信じるようになったのである。

じつはそういう普遍的な宗教的確信は、すでに夙《はや》く中国禅者の語録のうちにも見出すことができるのである。たとえば唐の禅者鼓山神晏《こざんしんあん》は、ある僧から「如何なるか是れ省要の処」（悟りのど真ん中はどういうものですか）と問われ、「還ってみずから恥るや」（自分を恥ずかしいと思うか）と問い返している（『景徳伝灯録』巻一八）のがその一例。また宋の虚堂智愚は、「分に随って羞を知る」（この道に入るにしたがって恥はだんだんと深まるばかりだ）（『虚堂録』）と言い、五祖法演も、「我れ参ずること二十年、今まさに羞を識る」（禅の修行を始めてから二十年もたったが、今ようやく恥ずかしさがわかるようになった）（『五祖録』）と言っている。これらの語に照らして見るとき、私もまた今ようやく禅の真髄に近づいてきたように思われる。

禅は悟りの宗教であると、長いあいだ教えられてきた。禅宗の世界では今日も多くの修行者たちが、何かを悟ろうと切歯扼腕の参禅を続けている。そういう純粋な所行がすでに迷いの道にほかならないと気づくためには、また多くの時間をかけなくてはならないもののようである。

「参は須く実参たるべく、悟は須く実悟たるべし」（『従容録』）と言われる。実悟はまた大悟であろうが、然り、大悟とは悟りと迷いの両辺を離れることであろう。するとそれは大愚と言ってもよい。言うまでもなく、大愚は単なる愚かさではない。大愚もまた大悟と一つであるから。

この頃岩波文庫の『西田幾多郎随筆集』を読んでいたら、西田が「愚禿親鸞」（一五六頁以下）と題して面白いことを書いているのに出会った。

余は真宗の家に生れ、余の母は真宗の信者であるに拘らず、余自身は真宗の信者でもなければ、また真宗について多く知るものでもない。ただ上人が在世の時自ら愚禿と称しこの二字に重きを置かれたという話から、余の知る所を以て推すと、愚禿の二字は能く上人の為人《ひととなり》を表すと共に、真宗の教義を標榜し、兼て宗教その者の本質を示すものではなかろうか。人間には智者もあり、愚者もあり、徳者もあり、不徳者もある。しかしいかに大なるとも人間の智は人間の智であり、人間の徳は人間の徳である。三角形の辺はいかに長くとも総ての角の和が二直角に等しいというには何の変わりもなかろう。ただ翻身一回、此智、此徳を捨てた所に、新な智を得、新な徳を具え、新な生命に入ることができるのである。これが宗教の真髄である。……

「三角形の幾何学的性質を究めるには、紙上の一小三角形で沢山であるように、心霊上の事実に対しては英雄豪傑も匹夫匹婦《ひっぷひっぷ》と同一である」として、西田は真理の一にして普遍なることを説いているのであるが、私もまた古今東西の先賢古哲が見たものは、そう仰々しいものではなく、こんな私でさえもまた、ふとした機縁にさえ遇えば気づくことのできるものではないかと、そうすっかり安心しきって、毎日を無理なく生きることにしているしだいである。

いのちの音を聴く

一

山頭火の句に、「雨垂れの音も年寄った」というのがある。雨に降られて托鉢の脚を奪われた山頭火が、今日食べる米と酒をどうしたものかと思案しつつ、うらめしそうに雨空を眺めていたのであろう。いのちすれすれのところで生きている彼のような人間にとって、雨一粒も深くいのちとかかわっているわけである。大自然の前にあまりにも弱々しい人間のあり方と言わねばならない。

けれども、雨の日も風の日も傘をさして職場に急がなくてはならないような俗人のわれわれから見ると、天の晴雨にまかせて自然に生きる山頭火のような人の生き方こそが、かえってこの人を真実の人にせしめているようで羨ましくなるばかりである。

山頭火が縁側に胡坐でも組んで、ひねもす軒先からボトボトと落ちる雨垂れを眺めている絵を想像するだけで、われわれは一種の安らぎと郷愁を覚えるのであるが、いったん彼が、「雨垂れの音も年寄った」などと詠んで、腸《はらわた》の底から老いの感慨をさらけ出してくれると、われわれは人生無常のことを思い知らされて、うーんと絶句させられてしまうのである。じっさい山頭火という人は人間を楽しんでいるように見えて、なかなかに恐ろしい人と言わねばなるまい。

ところで雨垂れを己れのこととするような山頭火とはまるで反対に、私は思いがけなくも、自然の方から逆に己れを知らされるようなことを経験させられた。

それはついこの頃のこと。思い立って美濃の国は伊自良村の山裾にある富士山東光寺を訪ねたときのことである。ここは知る人ぞ知る臨済宗妙心寺派の古刹で、愚堂国師ゆかりの道場。旧知の小倉宗徳和尚を問候することが楽しみであったのだが、もう一つ、私には学生時代にここを訪ねて以来、じつに四十六年ぶりの再訪という秘めたるわけもあった。

田園に連なる小倉山を背景にして佇む東光寺の堂舎や境内の風景は、往時のままに旧容を改めず、まさに「松に古今の色無し」とはこのことかというような風情であった。

ところで私はあの遠い学生時代、この寺の山裾の高台に建っている鐘楼にかけ上り、古色蒼然たる扁額にある、高源室老師の手になる「感霜」の二文字を見て感動したことを、昨日のようにはっきり憶えていた。門前に来て不思議にそのことを思い出し、玄関で案内を乞うまでに、山門からまっすぐにその鐘楼に、よろける脚を運んで扁額を仰ぎ見ると、それは間違いなく私の記憶のままであった。私は四十六年という時間の経過にもかかわらず、すべてが昔のままに存在し、続いていることがわけもなくうれしく、しばし境内に立ち止まっていたのである。

そのときであった。大自然の変わらぬこの佇まいのなかで、四十六年という星霜を生きるうち、無常の理に抵抗しえないままに老いを迎えてしまっているものは、自分だけではないかという驚きであった。永遠と時間の激突とでもいうような不思議な「瞬間」が、こうして衝撃的にわが身を襲ったのであった。

それは山頭火のように「雨垂れが自分とともに年寄った」のではなく、「自分だけが永遠のなかに取り残されつつ、いつしか年寄ってしまっていた」と言うべき孤独な感慨であった。こうして私は、自分のいのちの音とでもいうようなものを聴いたような、今までにない不思議な体験に襲われたのである。

二

ところでご存じの向きも多いと思うが、『碧巌録』の第四十六則に、「鏡清雨滴声」というのがあり、これがまた雨垂れの音をめぐる問答なのである。話はこうだ。

昔、鏡清（八六八―九三七）という偉い禅僧が、ある僧に向かって、「門の外に聞こえるのは何の音かね」と問うと、僧が「雨垂れの音でございます」と答えた。すると鏡清和尚が、「衆生は自分を見失って外の物を追っかけまわすばかりじゃ」と言われたのである。そこで僧が、「じゃ、和尚さんはどうなんですか」と聞き返すと、「わしもすんでに自分を見失うところじゃった」とのこと。僧が「それはいったいどういう意味でしょうか」と尋ねると、鏡清和尚は、「悟境に達するのはまだやさしい。それをズバリと言い当てることがじつは難しいのだ」と答えられた。

例によってわけのわからぬ難しい禅問答で、凡人にはさっぱり手のつけようもない代物ではあるが、いちおう文字どおりでは、雨垂れの音を雨垂れの音と聴く者は、雨垂れの音に引っ張りまわされて自分を見失ってしまっているのだということになる。鏡清和尚自身、僧に向かって「あれは何の音かね」と問うたことが、すでに自分を見失いそうになっている証拠だと告白しているのであろう。

あれは何の音だと尋ねることもいけないし、雨垂れの音ですと言ってもいけないとなると、どういうように語ればよいか。自分でひとり合点することはできても、それをズバリ他人に伝えることは難しいのだ、と鏡清和尚もなかなか親切である。

こういうことを念頭において先ほどの山頭火の「雨垂れの音も年寄った」をもう一度味わい直してみるとき、これはなかなかよくできた一句ということになるであろう。どうして山頭火のような乞食坊さんにそんな素晴らしい一句が詠めたのかということであるが、これはやはり山頭火が、いのちのすれすれのところで生きていたから、であると言えよう。山頭火にとって雨垂れは、立派な邸宅の窓越しに落ちているものではない。冷え冷えとした縁側に飛び跳ねてくるもの。はやく止んでくれないと乞食に出かけることもできないという困ったもの。自分のいのちに深くかかわってくる重大な「音」なのである。それはまさしく、「いのちの音」にほかならない。雨垂れが山頭火、山頭火が雨垂れである。だから山頭火が老いることは、そのまま雨垂れが老いることになるのであろう。

三

山頭火は決して自分を見失っていない。むしろはっきりと、老いていく自分を自覚しているように見える。かといって、その自分は自然に対決するようなものでもないようである。彼の自己は自然と切り放せない自己であり、自然に包まれて自然と一つになっている自己というべきであろうが、山頭火にはそんな庇理屈すらない。そう言えば、あの道元の和歌集『傘松道詠』に、

聞くままに　また心なき身にしあれば　己れなりけり　軒の玉水

というのがあるのを思い出す。「心なき身」ということがあってこそ、初めて雨垂れが己れになるということであろう。また、大燈国師のものにもこんな道歌が伝えられている。

耳に見て　眼に聞くならば　疑わじ　おのずからなる　軒の玉水

では、音を聞く「眼」とはどんな目か、雨垂れを見る「耳」とはどんな耳であるか。私たちの人生修行は、「更に参ぜよ三十年」というわけであろう。

仏陀の誕生と死に思う

一

四月八日は仏陀の降誕会。全国津々浦々の仏教寺院では、今年もまた一年ぶりに花御堂を持ち出してきて洗いきよめ、誕生仏を安置したてまつり、浴仏偈を唱えながら至心に甘茶をそそぐという、あのゆかしい行事がなされているであろう。そして子供たちに誘われて寺に詣でる大人たちも、それぞれに少年時代へのノスタルジーに駆られることであろう。

生きとし生けるものにとって避けることのできない必然としての死への関心が昂まってきている現代の風潮に照らせば、人間として生まれきたことの偶然性、あるいは希少性についての自覚は、やや希薄にすぎるのではないかとさえ思われる。とはいえこの国におけるクリスマスの異常な騒がしさに比べれば、降誕会の場合には、まだしも聖者の「誕生」を静かに祝おうとする気分が伝えられているようにも見える。

仏陀が摩耶夫人の右脇から生まれ落ちると、まるで獅子のように、あるいは大竜のように七歩あゆみ、さらに四方を遍観してから右の手は天を指し、左の手は地を指して、「天上天下唯我独尊」といわれたというような説話は、『長阿含経』本生経などの仏伝に基づいている。いずれも仏陀の出世を讃歎して神話化せられたものであるから、そういう説話は、読む人の信仰によっていかようにに解釈されてもよいであろう。

たとえば「吾れ独り尊し」ということは、仏伝の記者からすれば、もとより仏陀の「吾れ独り」であり、仏陀の「実存的自覚」のことでなければならない。ところが仏陀をただの人間以上の存在として神格化する者から見ると、仏陀ともあろう人がそういう独りよがりなことを言われるはずはないと解釈して、せっかくの人間としての仏陀の実存的自覚を見失ってしまったり、あるいはまた、仏陀は自分のことではなく、人間一般の尊厳性を宣言されたのだとして、仏陀の実存的自覚を一般化、抽象化してしまったりする。

実存的自覚などというと、これまた陳腐な抽象論になるわけであるが、そうではなくて、この「誕生偈」を読む自分が今こうして生きているのだという自覚から、二千五百年の遥か彼方なる仏陀その人の「唯我独尊」という宣言を聴くという意味である。それとともに、独りあることの「尊さ」ということについて、この自分の生存そのもののありようから吟味しなおしてみると、いったい「尊し」といわれたことはどういう意味であったか、に思いを寄せることにもなる。

仏陀といえども世界のなかに囲まれて生きる単独者であった。「己れこそ　己れのよるへ　己れを措きて　誰によるへぞ　よく調えし己れにこそ　まこと得難き　よるへをぞ得ん」という仏陀の聖句が、自己の寄るべきものは自己以外にはないのだ、と断言しているとおりである。

そしてここに「調える」とあることは、人間としての避け難き苦悩を調御することであり、「尊し」は調御丈夫の尊さでなくてはならない。それは決して奢り高ぶったような尊さではなく、人間として生きることの運命を覚悟する尊さであったはずである。

そうなると、「古い記録によれば、『天上天下唯我独尊』の句は、仏陀が成道された後に、ベナレスに行かれる途中で、ウパカという外教の青年に説かれた言葉の中に見られる」（水野弘元著『釈尊の生涯と思想』、佼成出版、一九八九年、二五頁）とあることの方にこそ、むしろ真実味があるように思われないであろうか。

二

一九六〇年から六一年にかけてアメリカに住んでいた私は、死ということをあまり簡単に口にするので、それは年寄りにとって耳障りなので気をつけた方がよいのではないか、とアメリカ人の友にたしなめられ、仏教徒である自分がいつのまにか身につけている死への覚悟みたいなものに改めて驚かされた。禅宗では「生死事大、無常迅速」と覚悟することが常識であって、死を見つめないような人生は空虚であると教えられていたから、私はひそかに彼らの無知を蔑んでいた。

あれから四十年、私もいつしか六十代の半ばを超える歳を迎え、周りの友人が一人二人と歯の欠けるように先を急ぐのに遇うと、いつまでも綺麗事を言っていられないという気持ちになってきた。あと二十年生きられたとしても七千三百日、たとえば毎日一円ずつ貯めたとしても、たった七千三百円にしかならないのかと思うと、よほど頑張らないと閻魔大王の所に持っていく飯銭にさえ足りないような気がする。

毎年、涅槃会になると、私の寺でも大きな釈迦の涅槃像を持ち出してきて、汗だくになって天井から吊す。大軸の中央に金色の釈迦牟尼世尊が右脇を下にして厳かに横たわっておわします。それを取り巻くようにして羅漢さんたちが泣き崩れている。上の方からは梵天たちが降臨し、地面には鳥獣たちが嘆き悲しんで蠢いている。沙羅双樹も半分は枯れ果てている。世界中のあらゆる生き物が釈尊の死を悲しんでいる。恐らくは谷川の水も流れを止めたであろう。

この涅槃図を見ていると私は、人間の死が本当に悲しいのは、その当人にとってではなくて、むしろ周りの人びとにとってでなくてはならないのだなあと思ってしまう。人間として生まれてきた自分も、早晩このようにしていつかは沈黙の世界へ旅立つときがやってくるのである。なるほど当人にとっては、これほど平安な境地はあり得ないことであろう。だからこれを「無余涅槃《むよねはん》」(これ以上はない究極的な安らぎ)というのであろう。

ところがその人との別れが、この世に生けるものにとって、釈尊の場合のように悲しい損失になるということは、すべての人において同じなのではない。人間として生まれてくるときはみんな平等であったはずなのに、死んでいくときは人さまざまになるという、この恐るべき人間の個人差は何であろう。そう思いながら今年もまた、私は涅槃像を前にしてお経を唱え、釈尊の尊厳なる死を讃歎したのである。

第二章　恩愛の人びと

わが人生の導師――柴山全慶老師

私が柴山全慶という禅僧を初めて見たのは、老師がわが寺へ講演にお出でになったときのことで、そのとき私は高校三年生であったから、すでに五十年前のことになる。その老師も鬼籍に入られて、もう二十七年にもなる。今おられたら百八歳ということになるが、そういう私も数えで六十九。柴山老師だったら、もうとっくに白眉を蓄えておられた年格好であるはずだがと、鏡に映る己が人相の未熟を恥じるばかりである。

老師はじつに好相の禅僧であられた。大学に入学して間もない頃、老師の著作になる、当時としては珍しい活字の小冊子、『臨済禅の性格』をテキストにして、初めて禅学なる講義を聴いた。盤珪和尚の血の出るような修行の恐ろしさに、生まれて初めて禅の修行の凄まじさに驚いたのが昨日のように蘇える。老師の講義は面白かったが、成績評価となると、じつに厳しく、単位不合格になった人も多かった。

私は卒業論文の書きにくい禅哲学専攻を、敢えて選んだ四人のうちの一人であった。卒業を控えた三月のある日、南禅寺の湯豆腐屋でコンパをしたとき、私は焜炉を囲んで老師に卒業後の進路を相談した。新卒で中学高校の先生になるか、僧堂に入って坐禅修行するかに迷っていたのであるが、老師は一言のもとに「禅僧が修行をせんでどうするんやいな、あんた」と僧堂に掛搭《かとう》することを一も二もなく奨められた。

今となってみれば当たり前の話であるが、当時は自坊の年老いた師匠のことを思うと、一日も早く月給というものを手にして、師匠を喜ばせたいのが、私の素直な願望であったので、老師の言葉を何と非情なものよ、と恨むばかりであった。あの夜、帰り道を戸惑いつつ歩いたのを、今もはっきりと覚えている。

ともあれ卒業の年の四月八日、私は修行の装いを整えて、恐る恐る南禅寺僧堂の門をくぐった。僧堂の新参雲水として改めて相見した老師は、遥かに雲の上の人であった。参禅のために入室すると、「お前さんがそんなうすのろとは知らなんだわい」と罵倒され、横っ面をぶん殴られたこと幾たびであったことか。

僧堂の生活はわずか二年であったが、私にはつらい日々であった。早々と下山した私にとっては、貧乏寺の生活を助けることが喫緊の課題であったが、就職難の時代で、教師採用の試験は見事に不採用のままとなり、結局、田舎の町役場の吏員として生きる道を選んだのであった。

その頃のある日、南禅寺僧堂に老師を訪ねて近況を報告すると、老師が花園大学へ戻って勉強し直してはどうか、私から頼んでやろうか、と言われたのである。

こうして私と母校花園大学との、その後の長く深い縁が結ばれたのである。あれから四十数年、私はひたすら花園大学とともに歩んできたが、私の学究生活は、こうしてまったく思いがけなくも老師によって開かれたのであり、その学恩には生涯にわたって報い難いものがある。

私が大学に奉職し始めた頃、老師は毎週いちど大学に出講された。私は老師のご来学を楽しみとし、講義に出席しては老師に代わって学生の出席を採ったりした。やがて自分にもその教壇に立つ日がくるとは、夢にも想像しなかった頃のことである。南禅寺の管長に就かれた頃、自分は学者でないから良心に悖《もと》るといって教壇を去られていった。

やがて私自身も教壇に立つようになり、老師とも対等にお話できるようになった。老師もまた、しだいに好々爺となられ、出会うごとに目を細くして、「あんたは私の大事な弟子やからなあ」と、親しく盃を交わしてくださるようになった。

一九六七年の三月、神奈川県大磯の海岸にあるクリスチャン・アカデミーハウスで開催された第一回「禅とキリスト教懇談会」では、五日間老師と起居をともにし、僧堂いらい十年ぶりに、老師の背を流させていただいたりした。僧堂時代に、たすき掛けで流した老師の背を久々に流すと、あの頃背にあった紅いつぶつぶは、いつしか白くなっていた。私をぶん殴ってくださったその両のかいなも、摩るとさすがに弱々しい感じであった。

翌日、老師はキリスト教の人たちに頼まれて、いささかの揮毫をものされたが、その筆致は依然として雄渾で、少しの衰えもなく、紙をおさえている私に、「こんな字でもなあ、こうやって落款を押してしまうと、結構よく見えるんや」と、洒脱におっしゃったことが、妙に忘れ難い。今もなお老師の筆跡を見るたびに、その日のことが懐かしく思い出されて、そこにいますがごとく思われるのは、何とも幸せである。

一 黙雷の如し――山田無文老師

一

一九五二年（昭和二十七）四月十日、入学式の壇上に立たれた山田無文（その頃、私は、やまだむぶんとばかり思っていた）学長を初めて見て、その貧相な姿にびっくりした。人間の偉さなど見抜けない高校出たての私の、率直な印象であった。ジェーン台風で傾いたままの木造二棟が、自分の選んだ大学であることに失意を感じていたうえに、この小さな、顔と首の太さが同じに見える人が学長なのでびっくりしたのである。あとで分かったが、この頃の無文老師は、瘰癧《るいれき》が最も悪化して困っておられたときであったらしい。声が小さくて、最初の十分くらい何も聞こえなかった。頭を剃り、髭もなかった頃の懐かしい「むもんさん」である。

一九五三年の秋であったと思う。「破防法」粉砕の嵐にのって、花園大学でも学生運動は激しく闘われていた。この際ついでに大学摂心《せっしん》も粉砕することを学生大会は議決した。じつは、その後、たしか私が三回生の時、大学側は三日間の摂心を五日間に延ばして強化しようとしたことがあった。私は学生代表の一人として、霊雲院（その頃老師は、始終霊雲院に帰られていた）に学長を訪ねて学生の総意を伝えた。私はあんな怖い顔に出遇ったのは生まれて初めてである。学長はそのとき、五十一歳であったはずで、霊雲院の生計は素寒貧であった。何しろ二十年間の雲水生活をされてきた直後であり、頭髪にチックやポマードをつけた若僧にとやかく言われる筋合じゃないわいという勢いであったのだろう。ところが怖気づいている私たちに、ニコニコ顔で抹茶を点ててくださったのには二度びっくり。憤怒の感情の早がわりには驚いたものだ。翌日、われわれの要求が通って、摂心はもとのまま三日となったことを知って、ボツボツ学長さんの真意が分かりはじめたのであった。

あれから二十五年、今も無文老師のそばにいることができるのは、何とした有り難い因縁であろう。そのあいだに二回、対面して烈火のごとく老師を怒らせてしまったことがある。羹《あつもの》に懲りて膾《なます》を吹くという。老師がいつまた憤然とされるかもしれないと思うと、老師の前ではいつも虎の尾を踏む思いである。

私がアメリカに留学中、ある時、老師から送られてきた手紙のなかから、丁寧に切りとられた美しい日本の切手が数十枚出てきた。私は目をうるませて、老師からの親書を繰り返し読んだ。

二

神戸でお米を売っているという山本七郎さん、今はどうしておられるか知らないが、この人があるとき無文老師に、「老師さんの話はいつでもだいたい同じ話でありますなあ」とやったのだそうである。すると老師曰く、「お前さんも毎日同じ米ばっかり売っとるじゃないか」と。

たわいない話のように聞こえるかもしれないが、私はこの話を聞いてから、檀家に行って同じお経を堂々と読み、胸を張ってお布施をいただけるようになったのだから、これは思わぬところで老師の活人剣を蒙ったことになる。

そう言えば、老師の説法は十年一日のごとくであった。黒板にくるっと大きな一円相を描いてされる、あの鏡の話にしても、何遍同じ話を聞かされたことであろう。「この大きな鏡は男でもなければ女でもない。善くも悪くもない。増えもしなければ減りもしない。垢れもしなければ浄くもない」と、いつも判でついたように繰り返されるのを、またあれかという思いで聞いたものであるが、今にして老師のご親切が少しはわかってきたような気がするのである。果たせるかな、盤珪和尚の語録を読んでいると、次のような件《くだり》に契当があって、老師のリピート説法にもちゃんと根拠のあったことを、今頃になって知らされたのである。

（盤珪）禅師又云、身どもが此会中に毎日〳〵くり返し〳〵同じ事ばかりを申は、先に聞人は何度聞ても聞ほど人々たしかにこそなれ、聞て妨げには成ませず。いまだ聞ざる人が、毎日〳〵かはり来て、今日はじめて聞衆が多く、これは其衆のためには、また根元からとつくりといふて聞さねば、成ませぬわひの。中途より聞分は決定せず、落つひて聞人のために成ませせぬ。それゆへに同じ事をくり返し〳〵、毎日〳〵申事で御座る。不断会中にござる衆は、切々聞ほどたしかに成てよし。又此度の結制に附て、始てござつた衆や、又毎日〳〵かはりぐ〳〵に、今初てござる衆は、もとから聞かねば落つきませぬによつて、根元からくりかへし〳〵、申事で御座るわひの。根元からとつくりときかしやるれば、よくおちつきまする。さうではござらぬか。（岩波文庫本、四〇頁）

巷間、「説法無文」の呼び名があったほどに、老師は大衆接化に秀でておられたが、その老師が最晩年になって、突如黙んまりを決められたことは淋しい限りで、もう一度あの立板に水を流すような名調子を聞きたいものと、悔むのは私ばかりではあるまい。老師が沈黙行に入られてからも、私は何度か霊雲院の書院で老師に相見する機会を得たが、床の間を背にして端坐される老師は、黙に徹せられているだけに恐ろしく、じっとこちらを見据えられると、今にも百雷落ちるような気がして寒毛卓竪《かんもうたくじゅ》した。

殊に私には一つ苦い経験があったので、それ以来老師が恐かったのである。それはある夏の昼下がりであった。私はその日、寺の境内にある枇杷の葉をいっぱい風呂敷に包んで、借物の自動車に積み込み、途中、信楽の療養所に寄って、もう十年近く結核を病んで療養生活を送っている師兄の宗逸和尚を連れ出し、かねてよりお願いしていた時間に霊雲院を訪ねた。

白衣姿の老師は、あの霊雲院の隠寮の障子を閉め切り、上半身裸になった病人の背中にまわって、額に汗し呪文を唱えながら、ボロボロになった枇杷の葉を取り替え取り替えしつつ施療してくださった。背を摩りながら老師が、洛北の北山病院では白隠の夜船閑話による治療をしていることを話された。そこでおっちょこちょいの私は、「はい、私たちも今日帰りにそこへ寄ってみようと思っております」と応答したのである。すると

「雷」が落ちたのである。摩る手を止められた老師が私をぐっと睨みつけ、「おおそうか、それじゃ俺はこれでやめるっ」。私は畳に額をすりつけて謝った。すると老師は何事もなかったかのようにまた施療を続けられた。済むと手を洗い、美味しいお茶を点てていただいた上、さきほど床の間に出した紙包みまでお返しくださった。こうして私たちは霊雲院の門を出たのである。

ところで、沈黙の先蹤には平安の昔、高野山興教大師覚鑁上人の有名な千日無言行がある。上人の場合は、四十一歳の元旦を機に、一切の公務からしりぞき、その年の三月二十一日、すなわち弘法大師ご入定の日を期して、以後三年のあいだ無言三昧に入られたという。その間にかの「発露懺悔文」を草されたことは夙《つと》に知られるところ。無文老師の無言も、もしかするとそういう主体的な無言戒の実践であったのかもしれない。とにかく老師は最晩年の二年ばかりは一言も話されなかった。

ある日、私は三条河原町のバス乗り場で、大学へ向かうためのバスを待っていた。すると目の前に急に一台のタクシーが止まって窓が開き、一緒に乗るように手招きを受けた。それは無文老師の乗っておられる車であって、侍衣の秀南さん（現霊雲院秀南老師）の手招きであった。さっそく駆け寄って無文老師の横に便乗させてもらったのであるが、老師は大学で私が降りるまで一口も開かず、ただ窓外をじっと眺めておられるだけであった。

ただ秀南さんが、「老師があなたを見つけて、あなたを乗せるように指さされたんです」と言われたのであるが、私が恐縮していくらお礼を言っても、老師からは何の応答もなかった。

老師の迦葉弟子である祥福寺の太通老師（前花園大学長）は、「無文老師は吐き出すものをすべて吐き出されて、もう何も残っておらんのじゃろう」とうまいことをおっしゃったが、たしかにそれは枯渇した往年の清井のごとく、まさにあの東嶺和尚が晩年の「建瓶水涸れ、説法舌鈍る」（『東嶺和尚年譜』七十一歳の条）というに似た有り様と見ることもできる。要するに凡人のわれわれには計り知れない恐ろしい沈黙であった。

母なる人―木村静雄先生

いささかペダンチックな言い方であるが、木村先生に逝かれて母を失ったような気がしている、というのが私の本音である。密葬の朝、中川貫道師の住されている丹波の大雲寺さんの本堂で、棺を開いて木村先生の安らかな寝顔に菊一輪を添えたとき、私は久しぶりに嗚咽してしまった。悲しかったからというより、申し訳なかったのだ。それほど私は木村先生という人に多くの恩義があった。先生の病床生活が長かっただけに、かえってお礼と別れを言う機会を逸してしまったことが、物言わぬ先生を目の前にしたとき、溢れるような悔いとなって、一度に私を襲ったのだと、帰りの車中になって分かった。野辺の煙を想像し、先生はあの老病の苦悩を経て、今やっと安らかな無余涅槃に入られたのだと思うと、ただ正直に生きて、白骨となりつつある先生の人生に比して、のうのうと生きていこうとしている自分の不真面目さに、自己嫌悪を感じるばかりであった。

私が二十六歳でアメリカ行きを決意したとき、自ら奉願帳を作ってあちこち連れて歩き、旅費を作ってくださった日のことが、忘れられない。今それを筐底から取り出して開くと、たしかに先生の達筆で、私の将来への期待が切々と述べられている。この洪恩に報いる日もなく先生に先立たれてしまったことは、私には責めとしていつまでも残ることになろう。

三年ばかり前、関市へ講演にでかけたとき、ふと思いたって木村先生の隠棲されている陽徳寺を訪ねたくなり、途中から電話した。暮色の濃い長良川の土手に立って私を待ち受けておられた先生は、髭はすでに白く、杖を頼りにしておられた。私はその変貌に驚いたが、かつてのように先生と談笑し、先生もまた長良川の鮎はうまいだろう、と故郷岐阜を自慢された。あれが先生との長いお付き合いの最後となってしまった。二度目に倒れられた先生を南丹病院に見舞ったとき、先生は私を見つめられたが、もう識別はできないようであった。しかし、いま先生は冥界からふたたび私の所行を見ることができるようになられたのだと思うと、凛然とした気持ちにさせられるのである。

願わくば定中昭鑑あらんことを。

句境禅心—中川宋淵老師

一

「ここが竜沢寺です」と、宋淵老師が後ろの席からおっしゃった。三島の駅を車に乗ったときはまだ明るかったのに、この山すそはもう薄暗く、辺りの山々の頂きに十三夜の月光がこぼれ始めている。しばしの沈黙からふと我に返って急いで車を降りた。

今朝、釈宗演禅師五十遠年諱の法筵に列するため、鎌倉山之内の円覚寺に来て、塔頭松嶺院の方丈で、正面に端坐しておられる気品の高い禅僧が、中川宋淵老師であると知ってから、まだ五時間ほどにしかならない。

法要後、老師のお供をして、円覚寺の反対側に位置する東慶寺の岩窟に行って宗演禅師の塔を拝し、小柄の宋淵老師の肚の底から出て、四方にこだまする殷々たる「なむからたんのう」の大音声に打たれた。そこからさらに苔むした石段を上り、亡き鈴木大拙、西田寸心、安倍能成、岩波茂雄ら諸哲の墓前に延命十句観音経を捧げたあと、竹林の奥に松ヶ岡文庫を訪ねた。主人公なき松ヶ岡の書斎に、ありし日の大拙先生を思い浮かべ、その手沢の筆硯に触れて、感慨溢るるばかりであった。

「あなたは初めてだから、先に入ってください。私はつい先日訪ねたばかりですから」

と宋淵老師がおっしゃるので、私は素直にお言葉に従って先に入り、この世界的文庫の紙香を満喫した。文庫を去るとき、庭に咲き乱れるピンクや白のコスモスを見つめられる老師が、ポツンと一言。

「この小さくて可憐な花を、コスモス（宇宙）というのはどうしてでしょうか」

そう言えば先日、妙心寺の大方丈に安置された古川大航管長の柩前に、宋淵老師の一句が供えてあった。

宇宙花《コスモス》の　さゆれに揺れて　遊霊《ゆれ》やまず

見送って出てきた大拙先生の秘書の岡村美穂子さんが、紺の紬《つむぎ》の和装でコスモスを一輪切って宋淵老師に手渡されると、老師はそれを竜沢寺まで持って帰られた。

般若窟山本玄峰老師の筆であろうか、「円通山、竜沢禅寺」と書かれた石柱が月影のなかに私たちを迎える。「竜沢寺に来ませんか。山の水で沸かした五右衛門風呂がいいですよ」と、老師のお誘いを受けてここに来たのも奇しきご縁である。近江の国では東嶺禅師と同じ村の生まれである私にとって、竜沢寺は一度は訪ねたい道場であった。

山の麓からまっすぐ二十段ばかり石段を上って左に折れると、般若窟老師が植えられたという、杉並木に囲まれた山道が四丁余りも続く。

「今歩いている石畳は、京都の市電のお古です。いいでしょう」

「この塔は、竜沢寺開創当時、東嶺さんを外護して二百両を喜捨した武川居士のために、延命十句観音経を百万遍唱えて建てられたものです。今もある方が、この百万遍行をされて、もう七十万遍近くなりました。大変な行ですよ」

「ちょっと見てごらん。松の枝にかかった月。やはり古人はいいことを言うものですね」

少し歩むと立ち止まって、

「この虫の大合唱はどうです。夏はもっとすごいですよ。くつわ虫が何千といるんです」

ゆっくり歩きながら、さっきから老師は何遍となく、深呼吸をしておられるらしい。

「肚の底から全部息を吐き出してしまうんです」

すると、山の匂いと一緒に、霊山の気が肺腑に充満した。ふと見上げると、前方高い処に灯が見えかくれする。道場はもうそこらしい。老師に導かれてくぬぎ林を通り抜けると、そこは、まん丸い御影石の二、三十が、月に映える墓地であった。晩年まで老師が看病せられたという御母堂の塔も静かに眠る。

「どうです。こんなお墓もまた楽しいでしょう」

と老師は御自身の発案になる球塔に御満悦である。

「雲水が困るといけないから、電話はしてありません。うどんでも差し上げますから気楽にしてください」とおっしゃりながら、山門前の石段を上りつめると、山を背景にして正面に白隠の筆「円通山」の扁額を掛ける本堂、右手奥に大疑堂（坐禅堂）、左手に庫裡がひろがる。初めての私には、どこか山城の円福寺に似ているような気がする。そう言えば、円福寺開創の斯経和尚も同じ白隠門下の高足であって、こういうところにまで同門の家風がにじみ出ているのも不思議ではないわけだ。

玄関に着いても誰も出てこない。ただ老師の帰堂を迎える韋駄天堂の線香が静かに燻る。その前で低頭された老師に従って薄暗い廊下を回り、隠寮の階段をさらに上ると、そこは先年九十六歳の天寿を全うせられた山本玄峰老師の般若窟であった。四畳半の丈室の床の間に、鎌倉期かと思われる等身大の千手観音像が安置されてあり、その足下に玄峰老師の見台（講本台）と香盤が、ありし日のままにとどめられている。

「これは、このあいだ、香港で買ってきた洋酒です。ナポレオンというんですよ。純粋の果汁です。これを少しこうして手で温めながら飲むらしい。……ハイ、お神酒《みき》です」

そう言いながら、老師はどこから出されたかブランデーグラスに注いだ最高のコニャックを、一つはまず玄峰老師の単前へ置き、私たちにもすすめられる。

般若窟中に入って虎の尾を踏む思いであった私は、正直、このナポレオンの出現には一驚させられたのだが、なるほど、般若窟中の般若湯なのかと、気を取り直してぐいと乾した。

老師が窓の障子を開けられると、すでに中天にかかった月が、格子を通って畳の上に光を投げた。するとそこに、一匹のかまきりが黙々と動いているのに気がついた。間髪を入れず老師が、

「其角の句に、かまきりの尋常に死ぬ枯野かな、というのがありますね。……尋常に死ぬか。まったく愉快ですね」

般若窟はかくて、にくきばかりの詩の世界となった。

般若窟を下って老師の隠寮へ通していただいた。四畳半のこの居室は宋淵老師ならではの俳禅一味の境である。ふるびた低い天井に、大きな富有柿が枝についたまま七つばかりぶらさげてある。床には近日入手されたという、東嶺和尚の墨の濃い宝珠の一幅が掛かっ

ている。壺にはもう、松ヶ岡から持ち帰られたコスモスが入れてある。鈴木先生を正客にしてという気分がする。柱に見なれないくさりつきのメダルが掛かっている。

「これは、イスラエルでもらったものです。この文字はヘブライ語で書かれたモーゼの十戒だそうです」

そう言えば部屋の隅にも、イスラエル産の水差しが二つ置いてある。これに水を入れておくと、水が冷たく美味しくなるのだそうである。薬石のうどんが運ばれて、老師みずからの燗とお酌で一杯いただくことになった。白布の端に紐をつけたものを首から吊されると、何とも微笑ましい前掛姿である。炉で銀杏を焼いてくださる老師のムードに酔って私はいつしかおしゃべりになっていた。

二

老師は東大の研究科まで進まれて、何故出家されたんですか。

「出家の動機なんていうものはありませんよ。自然にこうなったんですね。大学での専攻は国文学でしたけれど、いろいろな先生の講義を聞いてまわって、国文学の方は勉強しなかった。学生時代は大菩薩峠などへよく登りました。あの頃は登山する人の数も少なくてよかった。中里介山さんともよく談論したものですよ」

木喰行をされたのはその頃ですか。

「あれは出家してからですね。別に理由はありませんが、ただ煮たり焼いたりするのが面倒だったからな。あれは健康にいいですよ。穀物を粉にして水で練ったのを食べるのです。血色はよくなりますし、糞などころころしていて、手の上にのせても臭くないし」

これは何ですか。

「この大きな豆ざやのようなのは、ジョンズ・ブレッドと言ってね。洗礼者ヨハネのパンという意味ですね。こんな木が一本あると酒の肴にいいですね。食べてごらん。美味しいでしょう。イスラエルの市場に、こんなのを山のように積んで売っていたので買って来たんです」

イスラエルに禅堂を作られたんですってね。

「そうです。ここにいた中川球童師がいまあちらにいます。あれはいい所ですよ。ヨルダン河が河口でつまってできたのが死海ですね。塩やらいろんなものが溶け込んで比重が重いから、水の上で本を読むこともできる。こんど行ったら、海の上でお茶を点てて飲んでみようと思ってるんです。この死海に面して城壁に囲まれたエルサレムがある。ところで大事なことだけども、ユダヤの人たちは、オリーブ山から救世主が降りて来て、いくつかの門のなかで、一つだけある開かずの門が開いて、人びとを助けると信じていたらしい。しかしなかなかこの門が開かない。最後はイエス・キリストが救世主だということになったのだが、これも開門せずに終わったのですよ。そこで人びとはキリストを磔にしたものらしい。

私はあそこへ禅堂を作ったのです。その寺の名をオリーブ山基仏《きぶつ》寺としました。デッドシー（死海）に対して、オリーブ（オー・リヴ、つまりおー生よ）というのは、面白いですね。つまり、あそこは、生と死が交叉するところなんですね。禅が輸入される先に、ちゃんとそうなっているんですよ。それからイスラエルには、キブツという共同体がある。あれは共産主義ではないが共産的ですね。仏教も元来そうなのですがね。キブツの人も坐禅に来ていました。それで私は、キブツをもじって、これを基仏寺、つまりキリスト教と仏教の出遇いの場としたんですが、これも不思議ですね。自然にそうなっている。それからユダヤ教のお祈りのなかに『ムート、ムート』というのがある。あれも禅でいう『無ーッ』によく似ていますね。禅があちらへ行くまでに、もうちゃんと禅を受け入れる機縁が熟していますよ」

「私はみんなにこう言ったんだ。救世主は一人じゃない。みんなが一人ひとり救世主だとね。するとみんなが、そうだそうだ、そのとおりだ、と言う」

今流行の非神話化運動の人たちが、この世の終わりだとか、キリストの再降臨だとか、神の国だとかは、信仰する人の胸三寸にある出来事だと言っていますから、老師のおっしゃることがよく理解できるんでしょうね。

「キリストは十字架についたというが、歴史家の研究では、あれは本当は一本の棒をかついで市中を歩かされたらしいね。今日見るキリストは十字架の上で悲しそうにしている。私は笑っているキリストをある人に画かせてみたら、なかなかいいものができましたよ。本当はキリストはあんな陰気なものではないんですよ」

「基仏寺では、摂心するのに十分でないので、ノートルダム・ド・シオンというカトリックの修道院を借りてやるんです」

老師はこのあいだニューヨークの禅堂開単式に行かれたそうですね。

「あれは、ここにいた島野栄道師がやってくれています。竜沢寺にあった古い小さな仏像を本尊に持って行ったんです。それから、これはあまり感心しない話だが、京都のある寺から売られたらしい大磬子（鐘）が、サンフランシスコに千ドルで出ていたので、信者が金を出し合って買ってくれたんです。それを鳴らして坐禅することにしています。ここでも摂心だけは、ドーターズ・オブ・ウィズダムという修道院を借ります」

薬石をいただき終わったところへ、最近ロンドンの坐禅会から帰られたという、この道場の副住職鈴木宗忠和尚が入ってこられて一盌の茶を喫し、秋の夜の清談もおひらきということになった。

三

十一月の朝四時半はまだ暗い。本堂の常住席に端坐して雲水さんたちの出頭を待つ。やがて大疑堂の方から宋淵門下の竜象二十余士静かに雁行《がんこう》し来たって坐につく。後方の暗がりに、一段背の高い西洋人雲水が作法よろしく従っているのが見える。専門道場を暫暇《ざんか》してすでに旬年を経た私は、いつの間にか身につけた俗臭に身の置きようもない。

宋淵老師は偉風堂々としてさすがに獅子の貌がある。今朝の老師には詩の柔らかさが微塵も感じられない。食堂で久しぶりに天井粥、生味噌、人参の漬物などの質素な朝食をいただいてから、老師の案内で白隠、東嶺、玄峰諸徳の塔所に献香し、十六羅漢の石像が居並ぶ裏山を散策する。

「もうしばらくすると、境内の紅葉の落葉を全部ここに集めて花筵とし、お茶の野点をするんですよ」

何とも羨ましき話である。やがて私たちは老師について、箱根連山一望の丘に出た。朝露に濡れる山径を、素足に腰上げ姿で、下肚からぐんぐん歩まれる老師の後姿が尊く思われた。

「あれをごらん」

老師に促されて左手を見ると、そこには何と朝日に映えた霊峰富士が聳え立っているではないか。これはこれはとばかり、思わず嘆声を発してしまった。

「いいですね。今朝はとくにいい。山は本当に拝むものですよ。この頃あの富士山にケーブルをつけようという話があります。みんなで反対しましょうよ。あれは誰のものでもない。みんなのものだ」

老師は立ち止まられると、柏手を打って拝まれた。そして玉襷《たまだすき》をとった両手を高く挙げ、それを横へ押し拡げ、柏手を打って、前に屈むという動作をしながら、

「あな楽し、あなうれし、あなさやけ。おーけー」

を三唱された。戦時中の神道の祈りを思い出す。

「私は外国の摂心でも、三日目くらいになると、これをやらせるんです。私のとおり大声でやってごらん」

All are revealed as they are now
All are realized as they are now
All are enlightened as they are now O.K. !!
今や　すべては如実に示されている

今や　すべては如実に実現されている
今や　すべては如実に知らされている
　　　　このままでいいのだ

この句を唱和するにふさわしい霊峰富士であった。

「先年大鵬がやってきたとき、あの人はこの富士山に向かって、こういうふうに四股《しこ》を踏みましたよ。そして私と四つに組んで相撲をとった。愉快でしたね」

山径は秋の千草が咲きみだれて、いかにも老師の詩境に呼応するかのようだ。

「この花の名前は面白いね。吾亦紅と書いてわれもこうというんです。おれもこうして紅く咲いているぞってね。昔の人はいい名前をつけたもんですね。見てごらん、天を拄《ささ》え地を拄えていますよ」

老師、こんな径の真ん中にかたつむりがいますよ。

「まったく面白いね」

と言ってそれをつまんで草むらの中へ置かれる。杉の木に真紅の蔦がまきついて美しい。

「これがいわゆる葛藤という奴でね。木を枯らしてしまうんですね」

老師は合掌されるとそれをもぎ取られた。

「立小便しませんか。どうぞ御遠慮なく」

などと老師のお心づかいをいただきながら道場に帰った。

老師の隠寮へ別辞を述べに行くと、さっき杉の木のためにもぎ取られた真紅の蔦が、もうちゃんと柱掛けの瓶から垂れ下がり、生かされていた。自然はまるで老師のためにあるようにさえ思われ、天地いっぱいの境涯とはこういうものかと感心させられた。

道場を去るとき、見送ってくれた雲水さんに「あなた方は幸せですね」と言うと、「有り難く思っています」と、低くはっきり応じてくださった。

ラサールの今昔——鈴木大拙博士

一

一九八九年の春、私は機会を得て、一人でイリノイ州ラサールを訪ねた。若い日の大拙博士が辛酸をなめられたその土地を、一度は自分の目で確かめたいと思っていたからである。飛行機が樹海すれすれに、ミシシッピー河畔のモリーン空港に近づくと、眼下は一面のとうもろこしや麦の畑である。あちこちに石炭を掘り出したままの小高い丘が散在している。見るからに土地の痩せたカンツリーサイドである。エドワード・ヘゲラーというドイツ出身の実業家が、ここで亜鉛を精錬して、それを運河づたいにシカゴへ運んだのである。このエドワード・ヘゲラーという人がいなかったら、ポール・ケーラスなく、したがって鈴木大拙はアメリカではなく、仏陀の国インドに渡って、そこで生涯を終えていたはずである。

ヘゲラーは一八三五年生まれのドイツ人で、野心家の友人マッティセンとともに新世界アメリカに渡り、石炭山、亜鉛の原石、輸送経路と三拍子揃った土地を求めて転々とし、ついにラサールの地を見つけた。時あたかも南北戦争が勃発（一八六一年）し、事業は大当たり、「シカゴ万国博覧会」の頃には千人の労働者を雇用していたという。百年前の地図を見ると、ヘゲラー邸はラサールの町のほぼ四分の一を占めている。

ポーチのある白亜のヘゲラー邸の玄関ドアを押すと、目の前には幅四メートルほどの階段が延びて、その両側といわず上の踊り場といわず百年前の骨董品が積み重ねてある。住んでいるのはポール・ケーラスの次女で九十五歳のエリザベスさんとお手伝いさんの二人であった。外からやってきた弟のアルインさんとの二人から、私は若い日の「貞さん」（博士の本名貞太郎）について愉快な思い出話を聞かせてもらった。

ポール・ケーラスという人もやはりドイツ人で、初めイギリスに渡って教師をする傍ら数冊の著述をなし、さらにアメリカに来てニューヨークで雑誌『ドイツ・アメリカン・ジャーナル』の編集長をしながら、『モニズムと世界改善論』を出版した。その思想がモニズム（科学と宗教の一元論）を唱えるヘゲラーの目に止まり、ついにヘゲラーの娘メリーの婿として迎えられ、雑誌『ジ・オープンコート』の編集長を務めながら数多くの著作をなし、ために世界宗教博覧会の重要メンバーの一人となっていたのである。

さて、鈴木貞太郎（以下、大拙博士をこう呼ぶ）は、参禅の師釈宗演の命を受けて、一八九七年この地にやってきて、ラムジーという人の家を止宿先とし、毎日自転車でこのヘゲラー邸の地下にあるオープンコート出版社に通ったのである。狭い部屋の壁に沿って並んでいる本棚には、今もまだ当時の雑誌『ザ・モニスト』や『ジ・オープンコート』の売れ残りが埃を被ったまま積んである。貞太郎の坐っていた仕事机は、わずかに光の差し込む窓際に今もある。

貞太郎が一八九七年から十一年のあいだ下宿していたラムジー家を案内してもらったが、住人のモークという人が内に入れてくれないので、やむなく外から写真を撮らせてもらった。玄関の脇に大きな樫の樹があって、その下に一九七七年にシカゴ仏教会と日本人協会が建てた「鈴木大拙博士記念碑」がひっそりと建っている。

帰国して、禅文化研究所で若い日貞太郎が写したラムジー家の写真を見て、それが私の写したのと同じアングルであることに驚いた。二つの写真を比べてみると、この樫の樹に百年の消長がはっきりと見られる（禅文化研究所刊『鈴木大拙未公開書簡』巻頭グラビア参照）。貞太郎が日本の心友山本良吉に宛てた手紙によると、このラムジー家には娘たちがいてうるさくて仕方がないと書いている。そんなに大きくもない一戸建ての家の二階で、大拙がいかに焦燥を感じたかが察せられる。

二

ラサールの町は昔大火があって古いものは消失してしまっているが、幸いにも大事なものは、現在オープンコート社のある隣の町ペルーの図書館に保存されているという。ラサールの宿を早く出発してペルーの図書館に行ってみた。もしかしたらここに百年前の住民台帳があるかもしれないという、夢のような期待に誘われてである。果たせるかな司書の女性が一巻のマイクロフィルムを探し出してきてくれた。何と一九〇〇年六月の米国国勢調査帳簿である。躍る胸を抑えて机の前にどっかりと腰を据え、大拙の名前を見つけるまではここを立たぬぞという勢いでフィルムを回していった。

あれはちょうどお昼前であったかと思う。ラムジーという家族の名前が出てきたのである。主人はジョン・ラムジー（一八四一年生まれ）で五十九歳。この人はヘゲラー邸のガードマンであったらしい。彼はポール・ケーラスの代役として南北戦争に出たが、もともと平和主義者であったために看護兵となり、退役後は見よう見まねで覚えた医術で、町の人たちの診察をしていたという。貞太郎が鎌倉の釈宗演に宛てた手紙（一八九七年〈明治三十〉五月二十六日付）に「予が宿の主人は素と舟の医者なりし由」と書いているのがまさにこの人である。ラムジー家の構成員を見ると、婦人のセレスティア（四十八歳）を先頭に、アーマ（二十一歳）、マティ（十九歳）、エドヴァ（十七歳）と女性ばかり。おまけにラスロップ・ブランチェというアイオア生まれの姪までが同居している。大拙博士が喧しい家だと頭を抱えたのもむべなるかなである。

そして、最後の欄に「下宿人、スズキ・テイタロウ、著述家」と書いてあるのを見出したときは、盲亀の浮木に当たる実感を得た。当時の書記官にとって初めて書く日本人スズキのスペルにはよほど当惑したらしく、なぞった跡があり、それがかえってこの記録にリアリティを与えている。

ラサールの町外れ、シカゴに通じる運河の堰のそばに、今はスーパーマーケットに変身したラサール駅が残っている。運河の土手で一人望郷の想いに浸る青年貞太郎の口髭をつけたあの写真はここで写されたものらしい。そしてこの小さな田舎の駅から、貞太郎はシカゴ・ロックアイランド・パシフィック・レイルロードの汽車に乗ってシカゴを往来したのであろう。

ラサールでの十一年の滞在は大拙博士にとって決して楽しいものではなかった。殊に最後の辺りでは、ケーラスとのあいだに不和を生じていたことが、山本良吉宛の書簡に見える。こういうわけで折しも恩師釈宗演が再渡米してくる。老師巡錫の通訳として全米を歩くうち、彼は帰心矢のごとくなり、その三年後、彼は若き恋人ヴィアトリスを残して一人帰国の途に就いたのである。

距離の感覚——盛永宗興老師

一

盛永宗興という一人の禅僧が生涯を閉じた。津送《しんそう》（告別式）は六月十四日、妙心寺塔頭の規式に倣って諷経葬《ふぎんそう》でとり行われた。『大悲呪』という短いお経を一巻唱えるだけである。降りしきる雨のなか、老師に別れを惜しむ人の数は千をゆうに超えた。祭壇は遺体を納めた棺と、故人の大きな写真と、前に並べた香華燭の三具足だけで、それ以外に飾りたてるものは一切なかった。老師の遺影は、それがいかにも意に叶っているのか、まことによい笑顔で惜別の列に対されていた。禅僧の最後らしい美しい葬式で、私もできればこのような別れ方をさせてもらいたいものだと思ったが、俗世間とのしがらみがこうもきつくては、及びもつかないと思わせられた。

ところで私個人は、盛永宗興という方に、常日頃から一種の距離というものを感じていた。その距離は別段考えられるような冷やかなものではなかったし、じっさい、老師のおごりで美味しい酒やお好みのフランス料理を御馳走になるときなど、十分その煖《だん》皮《び》肉《にく》に触れ得たものである。興に乗ると談論風発、私が煙草を出すと自分も懐中をさぐり、無いとわかるともう我慢ができないかのように、「西村さん、わしにも一本呉れんか」となる。少年のようなはにかみさえ見せる人であった。時には兄貴分に接するような感じさえ与えるいい老師であった。

にもかかわらずである。私は老師に対するとき、またどこか踏み込めない距離を感じてしまうのであった。津送が済んでからだいぶ日が経つこの頃、図書館長として自分の机のある大学図書館に行くと、誰かが応接室に老師の写真を飾って花と酒とタバコを供えている。それを拝むたびに、いったい私が老師に感じていた一種の距離感は何だったのだろうかと、問い続けているうちに、どうやらこの頃になってその謎が解けてきたように思う。それはこういうことである。

恥を晒《さら》すのも何だが、私にとって老師が煙たく思われた理由は、どうやら老師のあの真面目さにあったらしいのである。だから問題は老師にではなく私の側にあるということになるのだが、やはりそれは性分の違いからと思いたい。私は生来、きちっとして真面目なのが苦手なのである。だからどこかに抜けたところのある人に出会うと、自然に安心した気持ちになり、少々偉い人であっても、胸板の中へ突入してしまう癖がある。それなのに盛永老師となると、もう一つというところがピタリと行かなかったことは、返す返すも残念と言うほかはない。

老師とのそういう埋めがたい距離が、老師の真面目さに由来していたことを思うにつけ、今にして余計自分にとって惜しい人を失ってしまったような気がする。つらつら考えてみるとき、それがじつは老師ご自身のなかに保っておられた、自己が自己に対してとる厳しい距離、とパラレルであったように思われてくる。つまり老師はいつも自分に対しても反省的であり続けられ、決して自分自身を甘やかすことができない質の人であったようなのである。

自分を甘やかさない人が他人を甘やかすことをしないのは道理であるが、やはり私のように自分に甘い人間にとってはそれが苦しみとなるわけで、これは不運なことと言うほかはない。

太い鼈甲縁《べっこうぶち》の眼鏡と二つの黒子《ほくろ》が特徴的な盛永老師は、思い切って何かを言われたあと、ニヤッとされるのが癖であったが、それは自分で言ったことに対するはにかみのようなもの、であるように私には見えた。どうですか、私の言うことが間違っていますか、というような確認の意味ともとれた。自分の発言に自己陶酔する人の多いなかで、そのあたりに自分自身にも密着できない盛永宗興という人の、何か孤独な一面が見え隠れするのを見たのは、私だけの僻目《ひがめ》であっただろうか。

話が逸れるが、いったい人間の人間たる所以は、エデンの園においてアダムとイブが智慧の実を食べて、神の形相たる理性を身につけたことに始まると言われている。アダムとイブが最初に身につけた知は、それぞれが自分を知るという自知であった。知るの根源は自知であり、それは人間が自分のなかに独自の明るい世界を開き持つことである。神の摂理する自然的世界のなかにあって、別に人間だけの世界を開くことは、こうして神に背き神の光を遮断し、神に代わって世界を統率しようとする、人間理性の主体的所行である。そういう意味からすれば、常に自己を二つに分けて、これでよいかどうかと問い続けていく盛永老師のような人ほど、人間の立場をあからさまにする者もまた珍しいであろう。一見体験本位に見える禅者にも、この人のように知的な人もあるということであろう。

二

ところで盛永宗興という旧制富山高校出身のエリートは、少年の頃たった二日のあいだにあい次いで両親と死別してしまうという人生の悲惨に遭遇し、また学徒出陣の戦争体験を通して生死の世界を彷徨《さまよ》い、やがて自発的に禅の門に入ったのであるが、そういう彼はかつて自殺を図ったことさえあるほど自己を突きつめる傾向が強く、だから彼にとっては自分とは何かということこそが生涯にわたっての課題であったであろう。

そういうわけで、彼にとって自分が選んだ禅門もまた、常に対象的に彼の前に立ちはだかる山のようなものであったと思われる。彼の場合、禅とは具体的に後藤瑞巌《ずいがん》という一人の禅僧のことであって、彼の選び取ったこの師は、生涯彼の前に立ちはだかる山であり続けたに違いない。彼はこのように禅に対しても、それを歩む自分に対しても、決して妥協できない人のように私には思われた。

とくに彼をして師の後藤瑞巌をはっきりと自覚せしめたのは、師の瑞巌がかつて務めた花園大学の学長職に、自分もまた就任することになってからである。私は盛永宗興老師を学長に迎えるべく大珠院に出向いた十年前の秋の日のことを、まるで昨日のことのように思い出す。日本中で一番小さく、だから一番好きな寺だと言って旦夕《たんせき》愛して棲んだ大珠院の、あの龍安寺の池に面する書院で、「やはり野に置けれんげそう、ですわい」などと言って学長就任を固辞する一方で、師の瑞巌老師の学長時代のことにも言及された。盛永老師にとって、学長を引き受けることは、思いもかけぬ師の再現であり、四十年ぶりで師と日々相見することになったわけである。

学長を引き受けられた盛永老師は、旧制高等学校卒というだけで、大学も出ていない自分が、あえて学長にならなければならない宗門大学の現状を愁うるとともに、深くその責任を感じられたようで、しばしばそのことを口にもされた。教授会員のなかにはそういう学長の勇み足的言辞に違和感を感じ、はっきりとその出すぎを叩いた人もあった。老師はみずからポケットマネーを出して教員や職員と親睦を図る茶話会を開かれたが、これは実りがなかったばかりか、かえって結果は裏目に出て、学長を苦しめる材料になったように思う。

自分が大学の事情に明るくないことを自覚していた老師は、就任早々かつての部長経験者たちを集め、彼らの互選によって数名からなる企画調整委員会なるものを発足させ、今後花園大学が進むべき方向と、直ちに取り組むべき焦眉の課題を検討せしめられた。

この委員会において議せられた内容は、たとえば、

大学学長職を任期制とすること。

副学長制を導入すべきこと。

大学の存続のためには、是非とも複数学部を持つ総合大学とすべきこと。

大学の学則にある禅学研究所に所長を迎えて、一日も早くこれを実動化させること。

禅学研究の大学院を開設して、国際的センターにすること。

宗教特別講座を開設し、これを新入学生の必修科目として建学精神を宣揚すること。

など盛りだくさんで、これらはいずれも世間の宗門大学に比べて著しくおくれをとっていた花園大学の積年の懸案であったものばかりである。しかもこれらの課題は、何と盛永学長在任の八年間にすべて実現してしまったのである。今にして思えば驚くべき辣腕《らつわん》の学長であったことになる。

ここでもまた、盛永宗興という人の独特の性格が発揮されているのを認めないわけにはいかないのである。老師は自分を既成の大学のなかに埋没させることができなかったのであり、常に大学を向こう側に置いてこれを自己の課題としたのである。このことは老師のそばにいて直接に老師の指揮を受ける者にとっては不断の重荷となるわけで、廊下で出会うたびに、あれはどうなったか、これを早くやってもらわねば困る、などとせき立てられては、もはや学長に会うことさえ億劫になるほどであった。こういうことも、私が老師との距離を感じるようになった一つの理由になるであろう。

老師が最も象徴的に見せた対世界の距離は、国家権力との対決であった。ある夏のこと、大学に応援団部員のリンチによる過失致死事件が起こり、盛永老師が学長に就任された頃、大学は被害者の父兄によって告訴され、有罪の判決を受けた。大学を代表する立場にある盛永学長は、この事件が大学の学生管理上の責任として敗訴の判決を受けたとき、この判決は、大学における学生の自治を侵害する判例を作ろうとするものであるとして、敢然これに対して上告に踏み切ったのである。結果は敗訴となったが、学長のこの姿勢は、正しく学問の府の長たるにふさわしいものであった。

老師の所論によると、一般に宗教は愛を説くものであり、大学は被害者のことを考慮して敗訴のままに賠償金を支払うべきだとする意見があるが、宗教における愛や慈悲はあくまで真理に基づいたものでなければならないのであり、事は一大学の責任問題を超えて日本の大学全体の自由や自治にかかわる問題で、今後他の大学で起こった事件や責任問題のうえでの前例になる重大な問題であるということであった。そういう言い方のなかにも、あの盛永学長らしい醒めた知性と、それに基づく断乎とした判断と主体性が表われており、自分に対しても他人に対しても、決して妥協を許さず、あくまで自己の良心に従おうとする老師の自由が彷彿としていて、老師の真影の前に立つたびに、寒毛卓竪《かんもうたくじゅ》するのを禁じえない。

入矢義高先生への手紙

先生が鬼籍に移られてから夢のように一年が過ぎていきました。存在そのものが時間である世界に生きるものには落ち着きということが得られません。ただもう降りかかってくる火の粉を振り払うようにしながら、瞬間だけに生きる以外にはありません。先生ご存じのいわゆる「急流上に毬子《きゅうす》を打つ」という仕方でしか、永遠と接することはできないもののようです。そうなると先生の毎日などは、それこそ「壺中日月長し」といったところでしょうから、これはもう羨ましく思うほかはありません。

このあいだ教室で『信心銘《しんじんめい》夜塘水《やとうすい》』を読んでいましたら、「両段を知らんと欲せば、元是れ一空」の両句に対する瑩山紹瑾のコメントとして、「大地は境一一、虚空は浄尽す。虚空は三百有余枚、金烏玉蟾は蹤を尋ぬべからず」というのが出ていまして、古人はなかなかうまいこと言うもんだなあと感心したところです。この世界に存在しているものは、一つひとつが独立自尊した個物であるが、それを包み込んでいる大空ときたら、からーっと一枚の清浄無尽である。しかも同時に、まったく逆の事実も明白に進行しているというのですね。つまり清浄無尽なる虚空も、じつはと言えば三百六十五枚の日めくりの一枚一枚を捲《めく》る毎日なのだし、ではそれがどんな一日であるかと詮索してみても、太陽や月の過ぎ去った蹤などどこにもありはしない、とまあそのように私は解釈してみましたが、そんなことでよろしいのでしょうか。

そういうように受け取りますと、今頃は、月のように空の世界に遊ばれている先生と、衆生としてこの濁世にもだえ苦しんでいる私の生存との関係は、一方ではまるで別々の断絶であるとともに、同時にまた先生の側にも苦しい三百六十五の日々があり、かえってこの世こそが「山中暦日無し」ということにもなります。そうなるとどちらにしても同じこと。いや、もしかすると潙山や趙州の「異類中行《いるいちゅうぎょう》」が殊のほかお好きであった先生のことですから、あるいは今頃は行くべきところはここぞとばかり、地獄の鬼たちを相手にダンスでもなさっているかもしれませんね。

ところで先生はよく、日本の禅僧の作る詩句はいわゆる「和習」というやつで、唐詩のような格調がない、とおっしゃっておられましたが、それでもやはり古人のものは、今日の禅僧には及びもつかないものだと感心しながら、我なりに楽しく読み進んでおります。禅録の場合には、いたずらに伝統の読みばかりに拘束されることなく、自分の見識で読み取る「自由」があってもよいのだ、と教えてくださった先生のおかげで、私など先生亡きあとは、ますますその傾向を恣《ほしいまま》にしているしだいです。どうか定中昭鑑あらんことを。

さて、この文集では先生についていろんな人が、ずいぶんいろんなことを書くことと思います。それは先生のお人柄の多面性からくるのでしょうから、大いに楽しみにしています。私の場合は他の人たちのように、いわゆる「入矢詣で」をした門人、というわけでもありませんので、この際遠慮なく本音を吐いてみようと思います。

あるとき、大勢の人たちと酒を飲んでいて先生に食ってかかり、先生を真剣に怒らせたことがあったのをご記憶でしょうか。ことの発端は、「教団」に対する先生のご批判が、その真っただ中で切歯扼腕して生きている、私の人生に対する揶揄嘲笑のように聞こえたからでした。それには前段がありました。

たとえばあれはいつでしたか、先生が、「第二回東西霊性交流」の終わった日のフェアウェルパーティの挨拶で、二週間のあいだ全国各地の僧堂で正式な禅堂生活を過ごしてきたヨーロッパの修道士たちに対して、「私は坐禅など一遍もしたことはない。しかし禅が何たるかということはよくわかっているつもりだ」と述べられました。その発言が修道士たちを驚かせたことは、その場の雰囲気からよく知れました。そればかりでなく、その挨拶が、このプロジェクトそのものの意義さえ否定するかのように聞こえ、私は内心悲しい思いをしました。それいらい私は、先生が禅宗の伝えてきた実践の意味を理解しない人だという偏見をもっていました。

そしてある日、とある出版社主催のパーティの席上、みんなの前で先生に食ってかかったのでした。先生を怒らせたのはそれっきりでしたが、今から思うと、なんとも若気の至りというもので恥ずかしい限りです。先生のご生前にこのことをお詫びしておきたかったのですが、最後にお見舞いに行ったときには、もう先生との会話はできなくなっていました。ただ眼鏡を外されて初めてわかった先生の「隆準竜顔《りゅうじゅんりゅうがん》」に恐れおののいて帰るだけでした。

そのとき先生に伝えたかった私の真意は、こういうことだったのです。つまり、先生は坐禅修行を否定されたのではなく、坐禅に対する月並みな理解や取り組みを、極度に嫌っておられたにすぎないことがわかったということでした。それがよくわかったのは、先生が私の著書『禅僧の生活』（雄山閣出版、一九八三年）に寄せてくださった序文によってです。それで遅まきながらこの機会に、その全文を写して、参禅に対する先生のご見解を皆さんにお伝えしておきたいと思います。

いま日本の各地の禅寺で、定例の坐禅会を開設しているところは六百を超えるという話である。戦前にはかつて見なかった現象である。なぜこのような情況が生まれてきたのか、その理由をひとくちで言い当てることは、おそらく誰にもできないであろう。それどころか、げんに坐禅会に参加している人たちのなかにさえ、自分が参禅するに至った動機、つまり自分を禅に駆り立てたものそのものを、端的に言い留めることのできない人があることを、私は知っている。そのような人のあるということとそのことの方を、私は決して逆説的ではなしに、かえって重い事実として受けとめたいと思っている。

なんらかの目的意識や効果意識、たとえば悟りを開きたい、おのれを定立させたい、死への不安を消し去りたいなどといった期待を抱いての参禅を、私は敢えて不純だとは言わないけれども（唐代の禅僧のなかには、このような禅修行を「功勲辺に堕つ」として厳しく排斥する人が多い）、むしろこのような自意識は一切なしでの―そのことへの動機さへ特定できないままでの―参入のしかたの方が、かえって純粋なのではないかとさえ思われる。このような意味のことを、すでに維摩居士は語り明かしているからである。

それにしても、参禅するということは、先ず修行者として自己を据えることから始まる。しかもそれは、禅院という規制の組織のなかで行われるからには、その修行は厳しい規律の型に従わねばならぬことになる。それを批判し、それに抵抗することは許されない。しかしやがて、それらの型がそれぞれに深い意味があり、しかも長い伝統に支えられた動かしがたい定理であることが分かれば、「威儀即仏法」と言われることが、実は「法の施しは禅寺の生活のかたちそのもののうちにある」ということなのだと納得できるようになるだろう。ほんものの修行はここから始まる。

本書は、禅修行者のための親切な指針書という形を取っており、そのための必要にして十分な知識が、著者の実体験を踏まえながら、存分に開示されている。しかも著者は哲学者であり、さればこそ、類書にみられるような単なる知識の羅列に終わることもなく、また、単なる体験の呈示に堕することもない。

世に禅の体験者は多い。しかし、その体験を他者に語り得るということは、体験べったりの自己顕示をやることとは全く別である。読者は本書の、一見淡々たる記述のはしばしからも、著者ならではの鋭い指摘や、深い示唆を読みとることができるであろうし、ことに終章からは、現代の日本禅が孕んでいる深刻な諸問題について、読者自身に改めて省察をせまるものがあることを知らされるであろう。

心あるかたがたに、本書を広くお勧めしたい。

今、改めて先生のお寄せいただいたこの序文を読み返し、しみじみと先生の、私に対して注がれた慈愛を味わっております。殊にまた岩波文庫『無門関』の刊行にあたって、岩波書店に向けて私を吹噓して下さっている旨のお手紙を見せてもらったときには、この私のごときものに寄せていただいている先生のご期待が、綿々としたためられていて、平素そのような素振りも見せられなかった先生の、深いお心に初めて気づかされ、思わず感涙に咽んでしまったしだいでした。

思えば私が『鈴木大拙全集』第一〇巻（岩波書店、一九八一年）の折り込み月報に寄せた小文、「老博士の涙」が、深く先生の胸襟に触れ、先生がそれをわざわざ自分でコピーして、あちこちの知友へ送ってくださっていたことを、あとになって先生から直接お聞きして、先生のお人柄の一端に触れ得た経験からしまして、どうやらそのあたりに、私に対する贔屓の引き倒しの要因があったように思われるのですが。

今は定中にあって、ようやくこれら娑婆ごととは、もはや無縁となられたはずの先生に、こうして一年ぶりにお手紙を差し上げ、お詫びとお礼を申し上げることが、先生の静かな眠りを妨げましたならば、何卒お許しねがいます。

追伸　手紙を書き終わって窓外に眼をやりますと、今日もまた、一面の水田に数羽の白鷺が降り立って、何やらしきりに啄《ついば》んでおります。それを見ているとまた、生きるということの切実さというものが感じられます。殺生ということなしに生きるということのない、衆生存在の悲しみから解放せられた先生に、今こそ真実の偃息《えんそく》のあらんことを祈りつつ。

合　掌

禅学への導き――秋月龍珉先生

一

私の手元に秋月龍珉先生の『禅学ノート』と題する一著がある。一九六七年十一月三十日、教育新潮社から出された初版本とあるから、先生が四十五歳までに書かれた、禅学に関する断章を集めたもの、ということになる。早いものでは『禅文化』第四号所収の「禅経験の心理と論理」、本書刊行直前のものとしては、『大乗禅』六月号の「大事了畢《りょうひつ》は禅宗学の必須条件」である。いずれの章節も、行間に先生の、人を寄せつけぬ若さと自負が漲っている。京都辺りの錚々《そうそう》たる老師がたから、禅は学問ではない、と叩き込まれていた私にとって、行と学の統一が可能ならば、それこそわが行く道でなければならない、とひそかに心を決したのであった。

当時、『禅文化』誌の編集を手伝いながら、大学院で宗教哲学を研究していた私は、初めて秋月先生から送られてきた、インクの匂いのする本書を手にして、貪るようにこれを読みあさった記憶がある。そして自分もいつの日か、このように自信をもって「禅学」というものを語りたいものよと痛感した。

十年おくれて私が、春秋社から出版した処女論集に、『禅学私記』と題したのはその実現であり、今となって思うと、ほかでもなく秋月先生こそが、私の学問の方向を示してくださったことになる。学恩を蒙るということが、遠いところに離れていても十分にあり得ることの例であろう。

その頃先生からいただいた一通の七円はがきを、私は今も大事に保存している。「禾山老師のこと是非かかせて頂きます。ただもう少し枚数をいただけませんか。無理にとは申しませんが……。十二月初め、『禅学ノート』お送り致します。貴誌上にて紹介批判いただけましたら幸甚です。十一月二十一日　怱々不尽」と、先生独特の文字で走り書きしてある。

二

秋月先生に初めてお目にかかったのは、一九六六年（昭和四十一）の七月であったと記憶する。禅文化研究所で夏季講座を始めて四年目の夏、はるばる東京から来ていただいたのである。狭い宿直室で白絣の着物と袴に着替えられた先生が、額に汗いっぱいなのを扇子でぱたぱた煽いでおられたのが印象的であったし、頭は黒々とした丸刈りであった。それは私にとってかつて見たことのない、いわゆる関東ふうの居士のいでたちであった。話の内容は忘れてしまったが、それは私にとって、非常に新鮮な気分を与えるものであったように思う。

先生との親交が始まったのは、もう少しあとで、先生が毎年一回の「禅とキリスト教懇談会」に出席されるようになってからであった。いらい、毎年、夏の数日をともにするようになったが、驚いたことに先生は、若い日に洗礼を受けられていたのであった。八木誠一さんや本多正昭さんのようなクリスチャンの人びとにとって、キリスト教に深い理解をもつ秋月さんと神学論争ができることは、禅とキリスト教の対話というこの会の意義を、思いがけなくも実り豊かなものにしたようであった。

今、秋月先生を失って多大なる損失を感じている人びとのなかに、そのような日本のクリスチャンがいることは、禅僧のあいだにはあまり知られていないと思う。

ともかく晩年、先生がしばしば国際的な学会に出られて、キリスト教徒たちと対話をされるようになったきっかけは、右のようなしだいであるが、外国における先生の意欲は、むしろ新しく広がる欧米の禅センターに集まる人びとに、伝統的臨済禅を唱えることにあったらしい。もし秋月先生が今も生存しておられたら、欧米の参禅者たちにどのような当惑と新たな関心を与えられたかに思いを馳せるのは、ひとり私のみではないであろう。

晩年の先生は、花園大学特任教授として毎週京都へ通って来ることを、楽しみにしておられた。薄茶色の衣にナップサックを背負い、やや霜を置いた丸い顔に、眼鏡のチェーンをぶら下げた先生と一緒に歩いた学校道が懐かしい。心から、定中にあられる先生の、ご冥福を祈っているこの頃である。

優しき禅者——鈴木格禅さん

一

八月二十二日の早暁、私は徳富蘆花が『自然と人生』を書いたという机のある、逗子の宿「柳屋」さんで、一人床の中から碧い空を眺めていた。空の彼方で格禅さんが笑っている。「ねえあんた。忙しいのに来んでいいのにまた……」と遠慮しながら、そのくせ「よう来てくれたねえ」と喜んでいる。十一時からいよいよ格禅さんの告別式が始まると思うと、一人しきりに涙が流れた。いい人だったなあ、と思うだけで十分であった。

逗子にはホテルらしきものがないのに、私がこんな静かな海の見える宿に泊まることのできたのには理由がある。去年の秋この部屋で、格禅さんと今生の別れを惜しみながら、盃を交わしたからである。

たしか十月十日の夜であったと思う。格禅さんから電話があって「いよいよ医者から見放された。癌があちこちへ転移していて手術ができんと言いますわ、ハイ。まあどうせ何遍も死にそこなった身じゃからそう惜しくもないが、まあもらってきた抗癌剤だけをいただいております。熱は出るし吐き気はするし、かえってそれが苦しくてたまりませんわい」ということであった。

十一月七日、格禅さんとの永訣を覚悟で、荊妻《けいさい》を誘い新幹線で逗子に出かけた。この前お宅を訪ねたのは三年前で、鎌倉の建長寺で講演をしたあと、夜の夜中に若い坊さんたちを引き連れて二次会に押し掛けたときである。先生は「朝日カルチャーセンター」に出かけて不在であったが、やがて帰ってこられると、またいつものようにひとしきり呑んで騒いだ。

こんどはそうはいかないと思って、懐かしみつつ逗子の駅に降り立つと、寝床から這い出てきた格禅さんが、ご令息の自動車で迎えにきておられたのでびっくりした。作務着にチャンチャンコを引っ掛けておられる姿はいかにも弱々しく、歩みもたどたどしかった。

その夜、こともあろうに先生と奥さんを連れ出して私たちの宿に行き、四人で「最後の晩餐」をしたのである。自分の死が私たちの歓談とともに「そこ」にあることを、格禅さんはもちろん知っていた。十時頃、宿の玄関で先生を見送った。それが私と先生との最後の別れになった。

私は昨夜その宿に一人で寝たのである。人生にはいずれ別れのあるものとは知りながら、その現実に直面するということはなんと悲しく寂しいことかを、一人噛みしめながら。

二

初めて鈴木格禅という愚凡にも見える曹洞宗のお坊さんに出会ったのは、今から三十二年前、東京都下秋川の神冥窟で「第二回禅とキリスト教懇談会」が催されたときであった。趙州和尚は、狗に仏性があるかと聞かれて、「ウーン」(有、無)と唸ったんじゃないですかね、と私が駄じゃれたのが面白かったと、先生は晩年までよく憶えておられた。四、五日も続く修道院での会議に来て酒を絶つことは「地獄の責め苦やんけ」と、自分の部屋に私を呼んではサントリーの小瓶を鞄から出されたほど、般若湯のお好きな人であった。

私から見ると、駒沢大学の人たちは禅定家の格禅さんを尊敬するあまり、かえって敬遠しておられるように思われた。沢木興道老師との出会いによって出家された格禅さんは、たしかに普通の禅僧とは一線画するところがあって、一種の恐ろしさを備えていたのであろうか。

生涯を通じて寺に入らなかった「根性」は宿無し興道譲りであり、晩年、永平寺から招へいがあったときも、最愛の「カミさん」から離れ難くお断りをされたが、今にしてそれは格禅さんのためにもよかったと思う。晩年になって自分のことを「恥を掻く禅」と呼び、両手のひらを口元に寄せて恥ずかしそうにする格禅さんに、どうして「禅師さま」のイメージが重なろうかと私も思っていた。駒沢大学の『禅学大辞典』には、曹洞宗の作法を示す格禅さんの写真がたくさん入っている。そこに格禅さんが生きている。

三

それにしても格禅さんのあの誠実さと優しさは、いったいどこから出てきていたのだろうか。図体の大きさと性格の大人しさは、まるで巨象を見るようであったが、私たちには、いったい、そのどこの部分に触れることができたのであろうか。岩にしても何にしても秘められた部分の大きさは、推し量るというよりも、ほとんどの場合は知られぬままである。ただ格禅さんの場合、人の苦労話を聞いて涙を流されるとき、自分の悲しい運命が隠しきれず顕われるかのようであった。

格禅さんの人生がどんなに凄絶なものであったか、聞けば誰もが鳥肌を立てるであろう。私は幸いにも何度か彼と異国への旅をともにし、旅先のホテルで彼の歩んだ人生の秘話を聞いていた。それらをここに書き写す紙面もないし、また、今さらそれを言い触らすことは意味のないことかもしれない。それでもどうしてもと言われる向きがあれば、幸いにも私の手元に格禅さんが、国際基督教大学で話された、「道元禅の世界」と題する講演の記録があって、そこにこの人の歩まれた人生の様子が詳しく語られているので、コピーして差し上げたい。

要するに格禅さんの前半生は不運と貧道の一語に尽きる。にもかかわらず精神において高潔を保ち得たのは、彼の天性であったとしか考えられない。決して出家してから始まった話ではない。格禅さんはそういう意味で、改めて修行を必要とするような人ではなかった、とさえ思われる。

格禅さんが断片的にご自身の話を懐かしそうにされるのを聞いていると、私はいつもこの人の修行は、出家以前に済んでしまっていたんだな、と思うのであった。彼の話ぶりにはなんの衒《てら》いもなく、宗門を憎むような精神の歪みもなく、また苦労の翳りと見えるようなものは微塵もなかった。格禅さんの身体からにじみ出てくるものは、ただ「優しさ」だけであった。

その優しさは慈悲というようなことばでは言い尽せない、もっと大きく人を包みこむものであった。人の苦しみを聞いては、その人とともに泣くだけの人であった。人の苦しみを知ることで、平ぜい心の奥底に隠しているものが、思い出したように吹き出してくるかのようであった。「曾《かつ》て雪霜の苦に馴れて、楊花《ようか》の落ちるにも也《ま》た驚く」という禅語を地で行く人のように見えた。

四

晩年の格禅さんの体軀や大きな頭陀袋を見ていると、それはわれわれの想像を絶して、途轍もなくさまざまの経験が、ぎっしり詰まっている容れ物のように思われた。いったい何が彼の人生に襲いかかってきたさまざまな苦難の一切を覆い包んで、凡人のわれわれに見えなくさせてしまっていたのだろうか、と考えてみるにつけ、キザな言い方であるが、それはやはり格禅さんの日常的な坐禅によってであった、としか考えられないのである。

格禅さんの話によると、彼が初めて坐禅を組んだのは九歳のときだというのだから、坐禅こそがこの人の人生を保護し続けた、と言うほかはないということになる。漁師をしていたという格禅さんの友人の親父さんが、「格さ、坐禅できるか」と両脚を結跏趺坐して見せたので、負けず嫌いの格禅さんが「できんじゃ（できるわい）」と言って組んでみせたのが、彼のこの世で続けた坐禅の、そもそもの始まりであったというのだから数奇である。

そして格禅さんが航空学校時代に、沢木老師の本に誘われて毎日暇をみてはせっせと坐禅に勤しんだ、という話も聞き捨てにならないであろう。

駒沢大学での退職講演を聴きに行ったら、格禅さんは、坐禅とともに歩んだ後半生の話を諄々とされたが、「坐禅によって私は何も得ておりません。ハーイ」と淡々として壇を降りられたのが甚だ印象的であった。しかしそれこそが黙照禅の面目であり、彼はじっさい、悟ろうという気などさらになく、ただ乞われるままに全国津々浦々を歩いて、人びとともに只管打坐を行じるだけであった。

しかし津送（告別式）当日の、あの打ち続く人びとの列を見た人は、格禅さんの人間性と、人びとに与えた深い感化を今さらのごとく知ったであろう。

キリスト教の人びとのために坐禅会に招かれると、帰ったあとで坐蒲団を何十枚と送り届けるような人であった。出会うたびに頭陀袋から鳩居堂の香や鎌倉のテレホンカードを取り出して差し上げることは、むしろ格禅さんの習慣であった。大勢一緒にビールを飲んでも支払いは格禅さんに決まっているようであった。

彼が金持ちであったからではない。彼がかつて赤貧を舐めた人であったからである。自分の生活は依然つつましいものであったに違いない。私も格禅さんからずいぶんといろいろのものを送っていただいたが、中に入っている親書の封筒は糊付けせず、表は必ず白のままであった。これをまた使うようにとの教えであることはわかっていた。

一昨年の夏、私たちは格禅さん夫妻を誘ってイタリアに遊んだ。染まるような紺碧の地中海に飛び込み、みんなで子供のようにはしゃいで泳いだ。彼はカメラが好きで、あとでアルバム一冊にもなるほどの写真を送ってもらった。それを取り出してきて眺めてみると、この人が今はもういないということがとても信じ難いのである。しかし考えてみれば、彼は私の六歳も年長の七十二歳。死んでも不思議ではない歳という気もする。私が跡を追って格禅さんと再会する日もそう遠くはないであろう。

独歩の禅学者——古田紹欽先生

古田紹欽先生にお会いするたびに、私は不思議とあの朱子の偶成「少年老い易く学成り難し、一寸の光陰軽んず可からず。未だ覚めず池塘春草の夢、楷前の梧葉已に秋声」を思い出していた。たしかに古田先生は生涯にわたって少年のように紅顔であられたし、獄卒に奪い取られる日まで、その手から書物を離されることはなかった。そして春草の夢はいま梧葉となって散っていった。嗚呼、親愛なる古田紹欽先生、今いずこ。

耳を覆うカール気味の白髪とふくらみのある頬骨、そして微笑とともに見せる美しい皓い歯並びは、それだけで見る人に安らぎを与え、かえって先生の学問への親しみを抱かせたものだ。それがそのままに大乗菩薩の姿であったことを、今になってしみじみと思い知らされている。

先生の生涯を通じて心の中にひそかに去来していたものが、禅寺の小僧として味わった貧苦の中での学問への欲求と、それを支えた人びとに対する報恩の念であったことは、晩年になるにつれて先生がしきりに話題とされた少年時代への回想が示している。それは

「曾て雪霜の苦に馴れて、楊花の落ちるにも也た驚く」を地で行く底のものであったが、聴く者にはそれがかえって親しく思われ、その都度先生の九十年にわたる人生の出発点を知らしめられたのである。

先生の学道が先生自身にとっていかに厳しいものであれ、それを人にも強いることはされなかった。それが禅における学道の師の態度であり、門を叩く者には断然これを拒絶するのが禅家の習いであることからすれば、先生に学閥的意識の微塵もなく、門下生を集めようとする俗流学者と一線を画されたのは当然である。先生は独歩してひたすら己事究明の道を真っ直ぐに進まれたのである。『古田紹欽著作集』全十四巻の上梓に当たって書かれた先生自身のことばを見れば、そのことははっきりしている。

人間にはいろいろのタイプがある。世に出ようとする人、世を遁れようとする人、独りでいたい人、大勢でいたい人、有所得に執心する人、無所得を願う人、神経質な人、無頓着な人、まことにさまざまである。学問をすることばかりが人間の能とはもとより思わないが、学問するにも書斎型の人、街頭型の人がある。多くの著書をかきのこす人もあれば、一冊の著書すらものこそうとしない人もある。そこには自ら求めて自らの力により、自らの好みのタイプを礎いた人もあれば、余儀なく強いられてそ

のタイプに塡った人もある。（中略）

いささか仏教の学問の道に志して、およそ五十年になんなんとする。その歩んで来た道は、それなりの跡をのこし、何かのタイプを自らの意思にせよ、しからざるにせよ、ともあれ形づくったことは事実である。こののこした跡はもう消えるべくもないが、その形づくったもののもう作り換えることはできない。（後略）

そして同じところで先生は、「芭蕉のいう『風雅の魔心』にいざないかられて、自分の道を自分の脚で歩いてきた」けれども、「悔ゆらくは未だにそれ（芭蕉の魔心）を捉え得ないのが口惜しくてならない」と書いておられる。五十年になんなんとする学究生活を誘ったものが芭蕉の魔心であったという一句に、先生の学問の面目がはっきりしているではないか。ここを見れば先生は学問の奴としてではなく、学問を風雅のように楽しまれていたことが分かる。まことに羨むべき先生の生涯であったと言わなければならない。

先生の学問はそのほとんどが禅の思想の探求に向けられている点で一貫しているが、その内容は思想一般の闡明ではなく、一人ひとりの禅僧の生きかたであり死にざまであった。そこには先生にとって目を背けることのできない自分自身の生死への問いのあったことが一目瞭然である。

先生の場合しかし、生死への問いは風雅の道とともにあった。先生にとって真剣な人生は、さやけさや朗らかさのうちにこそ求められるものであった。そのパラダイムを先生は禅文学や禅芸術あるいは禅茶の世界に見出されたのである。

先生の生活もまた学者の頑なさからはもっと自由なものであり、みずから喫茶を好み、書画に眼福を養われた。もっとも先生の画筆から創作される色彩画は、それらとはおよそ異質なドーミエ張りの西洋画で、観る者をして一驚せしめたが、そこにも寄りつき難い先生の世界があって、私たち凡人はただ恐れ戦くばかりであった。

晩年の先生は、花園大学の客員教授として一か月に一度、鎌倉から京都へ通ってくるのを無上の楽しみとされているようであった。やってくると必ず西村君はいるかと私を呼び出され、急いで教室へ伺うといつも何の用事もなかった。ただ近くのレストランで受講生と一緒に長い昼食をするので一緒に来いということであった。(因みに先生は老齢の身ながら、私の還暦と学位取得の祝賀会の発起人をしてくださるほどの人であった)

先生は旧制の花園中学の卒業生であったから、ここ花園の地で最後の講義ができることを心底喜んでおられた。おい君、来年はもう来るの止めた方がよいかい。みんなに迷惑だろう、と何度もおっしゃったが、本心でないことはよく分かっていて続行をお願いした。先生は一昨年の大学創立記念日、車椅子の上から涙して「人生の思い出」を語り、静かに大学を去られたのであった。先生は今またあの日のように満足して、手を振りながら独りこの世を去っていかれたものと信じている。

第三章　キリスト者とともに

私とキリスト教の不思議な関係

一

私はもともと仏教徒であってキリスト教徒ではない。とりわけ、仏縁浅からずして子供の時代に禅門の子弟となり、伝統的な徒弟教育を受けたことによって、言わば自覚的な仏教徒としての道を歩んできたわけであるが、いつの頃からか、キリスト教徒との接触が始まり、キリスト教の教義にも親しむようになり、時としてはキリスト教のなかに、自分にとってもっとふさわしい場を見出すことさえある。

不思議なことに、私はキリスト教に深入りすると同時に、自分が仏教徒であることの自覚もまた深まっていくのである。私を本当の意味で仏教徒たらしめるものは、ほかならぬキリスト教であると言って少しもさしつかえないとさえ言える。私は、世界の諸宗教が出遇いを始めたこの世紀に生を享けて、自分のうちでも、二つの世界宗教の共存を体験することになったことを、どう考えても不思議に思う。

じっさい、私とキリスト教の関係は、自分でもよく分からない不思議な関係なのだ。最近、イエズス会の司教で、もう四十年間も上智大学の教授として日本に住んでいるハインリッヒ・デュモリン神父の依頼を受けて、彼の近著『仏教とキリスト教の邂逅』を邦訳し、春秋社から出版した。二千年の歴史を通じて西欧世界の人びとに生活の基盤を与え続けてきたキリスト教が、遥か東洋のまったく別なる世界で深く静かに生き続けた仏教と、邂逅することになったその必然性を、歴史的社会的背景と、宗教思想の両面から説いたもので、恐らくは、現代世界宗教の至り得た成果を、将来に示すモニュメントともなるであろうとさえ思われる名著であるが、邦訳してみると、なかなか原文のもつニュアンスが出にくくて、著者に申し訳なく思ったしだいである。そのような大切な研究論文を、仏教徒である私が引き受けるようになって、私は、自分とキリスト教との関係がどのようにして、いつの間にこんなに深いものになったのかを、今更ながら反省させられたのである。琵琶湖の東にある小庵の侘住まいに坐して、FMラジオから流れる荘重なバッハの宗教音楽や、神をねがう黒人のブルースなどを聴くときなど、得も言われぬ親近感にとりつかれるのは、何とも不思議な話である。

二

第二次世界大戦の終わった翌年の一九四六年（昭和二十一）、私が彦根の中学校に入った頃、英語の先生に大変気品の高いプロテスタント宣教師、サミュエル・ニコルソンという方がおられて、よく「神は愛です」とか、「罪の償いは死です」とか話されたものだが、十三歳の私にはそれが何のことかさっぱり理解できず、ただ、高い鼻筋や金縁の眼鏡に違和感を感じるだけであった。それ以来、キリスト教徒に対する私の感想は、仏教徒の私たちを説得してクリスチャンに改宗させようとする、押しつけがましい人びとというものであった。

それから大学に進んだわけだが、一九五五年（昭和三十）は、デンマークの生んだ稀有の思想家ゼーレン・キェルケゴールの没後百年に当たり、わが国でもキェルケゴールの実存哲学をめぐる研究や討論が活発であった。

大学卒業を控えて仏教、とくに禅宗学に対しての知識のまとめをする必要に迫られていた私は、雑誌『理想』二六九号が行ったキェルケゴール特集「キェルケゴールと現代」に触れて、大きな示唆と動揺を感じ、禅が「己事究明」を本質とするものであれば、キェルケゴールほどの禅者もまたいないのではないかとさえ思うのであった。

そして私は、卒業論文を「キェルケゴールの実存と禅の実存」と題して提出した。つまりキェルケゴールの思想を禅の立場から具合のいいように解釈したのである。論文の主査をお願いした久松真一博士は、キリスト教に対して深い理解をもった禅者であったから、キリスト教に無知なままの私のキェルケゴール論に対して、じつに厳しく容赦ない批判を下されたのである。二時間にわたった口述試問が、私にとっていかに重苦しい忍耐の時間であったか。あの柔和な久松先生が、顔面を硬直させ、口もとを震わせながらおっしゃったこと、「近くブルンネルが日本へこられます。あなたのようなキリスト教理解でどうして対話に耐え得ることができますかッ」は、まさに百雷一時に轟くありさまであった。今にして思えば、このときの久松先生の一喝が私を開眼せしめるものとなったのである。

先に述べたように、アメリカで一年を過ごして帰国した私は、もう一度キリスト教を本格的に深く勉強するために大学院に入り、しばらくそのままになっていたキェルケゴールを研究しなおすことにした。

〝いかにして真のキリスト者となるか〟が関心の中心であったキェルケゴールの主体性＝真理の問題は、そのままそっくり〝いかにして真の仏教者となるか〟につながり、「キリスト教徒が真のキリスト者となることは、異教の人がキリスト者となるよりももっと難しい」というキェルケゴールの嘆きは、そのまま私の嘆きであり、キェルケゴールの厳しい教会批判は、私の教団批判に拍車をかけたことは事実である。その当時、そういう気持ちからいろいろな文章を公表したが、いずれもどうかして真の仏教徒となりたいという私の気概であったのである。

教義上のことはともかく、ある人が特定の宗教の熱心で敬虔な信奉者であるということは、私にとっての魅力である。キリスト者キェルケゴールとの付かず離れずの関係は、大学時代から今に至るまで続いている。今も時折キェルケゴールの作品を開くと、つい忘れがちになる「個人としての信仰」というこの宗教の原点に引き戻されて、何ともよき友を得た気持ちになるのである。私は本当によき人生の師を、かのキェルケゴールに得たことを幸運に思っているのである。

それからまた、クエーカーたちとの出会いも私の人生を大きく左右したのである。生活と宗教の一体性、個人の「内なる光」に戻ることを、日常のなかで絶えず実践する人たち、その一人ひとりの輝いた美しい目、質素な身だしなみと物静かなふるまい、喜捨の精神と果敢なまでの世界への関与、……それらは、伝統的形骸のなかに自分を沈め、権威だけを拠り所として生きがちな自分を、深い反省に導くものである。

三

さて、キリスト教に対する私の個人的関心に導かれてくるなかで、私はいつしか仏教を代表してキリスト教徒と対話をするような、いわゆる諸宗教出遇いの場のメンバーになっていた。キリスト教に対してシンパシイを持つ仏教徒であることが、キリスト教徒の求める対話の相手としてふさわしいことは、極く当たり前のことであり、相手を理解せず、いたずらに自己主張をする仏教者に、宗教的対話の場は開かれない。逆に、仏教を理解せずキリスト教だけを世界の宗教として押し広げようとする宣教の態度も好意が感じられないのである。

今日、世界の至るところで先進的宗教者たちの出遇いの場がもたれ、お互いが自らの信仰を告白し、他宗教の信奉者との魂の交わりを深め、今日の世界を覆っている世俗主義に対して、どのように宗教者としての責任を遂行するかについて、熱気のある対話が行われている。とくに私が参加している「禅とキリスト教懇談会」は、わが国で最も先駆的なものの一つであろう。

この会は、一九六七年三月、神奈川県大磯のクリスチャンアカデミーハウスで、三泊四日の第一回会合がもたれてから、すでに十回（二〇〇一年に第三十五回を開催）を迎えようとしている。毎年、三泊四日、禅とキリスト教の両方から同じ顔ぶれの人びとが参加し、文字どおり寝食をともにして、信仰の喜びを分かち合い、歴史的責任の果たし方を考えるのである。因みに第一回の懇談会に集まった人は、禅の側から、柴山全慶、山田無文、山田霊林、古田紹欽、下村寅太郎、阿部正雄、平田祖英、奈良康明の諸氏と私、キリスト教側からはハインリッヒ・デュモリン、エノミヤ・ラサール、浅野順一、北森嘉義、関根正雄、有賀鉄太郎、入江勇起男、押田成人、葛西実、渡辺義雄、八木誠一、ダグラス・ステイヤ夫妻という人びとであった。

宗教を実践する人と、教義を研究する人とが入りまじっているような感じであるが、この会の目的は、参加者の一人ひとりが宗教的真理を求める単独者という立場に立ち返って、そこから魂の交わりをしていこうとするもので、参加者は、自分の歩んだ道を、集まった人びとの前に語ったのである。お互いはそれぞれ異なった道を歩いてきたが、いずれも人間としての真理を求める道であったという確信を深め合うのである。

求めているものは一つであるけれども、その求め方には多様性があり、同じくキリスト教徒であっても、参加者各自の顔が違うように、キリスト教の理解の仕方もまた大いに違っているということも興味深い発見であった。キリスト教徒同士の熱い議論を聞いて、初めは戸惑い、どの意見が本当のキリスト教であるのかわからない。キリスト教を勉強したいと思う私にとってこれでは困るわけで、キリスト教はこうだというはっきりした規範を求めていた私は、ただキリスト教徒としての一人ひとりがいるということ以外に、キリスト教一般というものはないことが分かったのである。

仏教徒についても同じことが言える。仏教が一貫した教義をもっていることと、一人ひとりのなかに生きているものとは別なるものである。つまり、キリスト教においても、仏教においても、生きて働いているものは、神の前の単独者であり、冷暖自知《れいだんじち》するわが内なる主人公でなければならない。一人ひとりがキリスト教を生き、仏教を生きるとき、違った教義の底に、共通の響きがあり、それがそれぞれの信仰者の琴線に響き合う。つまり私とキリスト教との関係は、厳密には、私と一人ひとりのキリスト教徒との関係ということである。

私はキリスト教についてもとより無知である。仏教徒である私がどんなにキリスト教の勉強をしても、キリスト教徒を凌ぐことはできない。キリスト教のことはキリスト教徒が一番よく知っているのであり、それは仏教についても同じである。それよりも必要なのは、キリスト教徒であると仏教徒であるとにかかわらず、一人の宗教者として、救済や安心解脱を求めて生きる人間同士の共感と共同でなければならないであろう。だからある人々のように宗教宗派を改めるということにはそれほど意味がないのであって、キリスト教徒が真にキリスト教徒であり、仏教徒が真の仏教徒であるときにだけ、二人の信仰者の対話は深いものになるのだという確信もこうして与えられたのであった。

四

カリフォルニアに私の愛するマーサおばあさんがいる。彼女は心理学者で、禅に深い関心を抱いていて、私とはこの十五年来親子のような親しい関係である。彼女はキリスト教のことについて何一つ語ろうとしないので、私は彼女をもはやキリスト教徒ではないと錯覚していた。ところがある日曜日、私の希望で教会のミサに行ったとき、彼女が一人のキリスト教徒となり、じつに板についたマナーで礼拝したり、他の人びとと一緒に讃美歌を歌うのを見て、私は彼女の血のなかを流れる二千年の歴史のキリスト教を実感させられたのであった。

キリスト教を口にしないキリスト教徒。キリスト教を押しつけようとするある種のキリスト教徒にない清々しいものを感じたのであった。仏教徒にしても、教義の片言も知らず、坐禅の一度も経験せず、それでいてなお人生無常の理を悟り、死への覚悟を身につけている人はたくさんいる。それが本当の仏教徒であり、仏教の教義について、他宗との優劣ばかり論じる人にないものが光って見えるであろう。

私にキリスト教に親しませてくれたものは、キリスト教の教義でなく、信仰に生きる一人ひとりの具体的なキリスト教徒であった。そして、それらの人びとの生きざまのうちに生きるイエスさえ感じる。この頃、しばしばキリスト教の教会や修道院に招かれる機会をもつようになり、あちこちで、十字架上のイエスの前に立つと、今までのようなよそよそしさを感じないばかりか、イエスが、仏教徒である私に対してまで何かを語りかけているようで、立ち去り難い思いにかられるのも、まことに不思議な話である。

世界に語る仏教──禅僧として思う

一

在家に生まれた私が、深い仏縁によって禅寺の小僧となってから、曲がりなりにも禅僧面を引っ提げて六十年の人生を歩んできた。今にして思うと、何とまあ臆面もなくという慚愧の念でいっぱいである。そのうえ普通なら滋賀の片田舎で、貧寺の和尚として、師匠のやったように如法綿密に生きるのが、それこそが禅僧らしい生き方であったはずなのに、これまた不思議な縁でキリスト教世界にのめり込んでしまって、恐らくは禅僧としては前例のない生涯を終えることになるのであろう。

己れの「在所」としては、小僧に来てから今日まで、今の寺を一歩も離れたことはないのだが、毎年のように欧米の諸国に出掛けていくことからすれば、「不住職」のそしりを受けても致し方はないであろう。そもそもは、僧堂から出てきて間もない一九六〇年に、クエーカー教徒の招きでアメリカ東岸のペンシルヴァニアに留学したことに始まる。ペンシルヴァニア一帯はフィラデルフィアを中心として、アメリカでもとくに宗教色の濃い保守的な地方で、なかでもクエーカーと言えばピューリタンの最たるものであるから、青年であった私は期せずして大変に真面目なキリスト教徒の世界に飛び込んだことになる。

あちらで書いた卒業レポートのテーマは、「私の聖書解釈」というものであったが、発表会のとき、聴衆の一人、エリザベス・ヴァイニング夫人から、このような聖書の解釈は今まで聴いたことがないと、珍しがられて調子に乗った覚えがある。いわゆる仏教とキリスト教の対話というものが、まだ始まったばかりの頃のことである。その後第二ヴァチカン公会議が開かれて「キリスト教と世界諸宗教との対話宣言」が公布されると、帰国した私はにわかに忙しくなった。

釈宗演老師や鈴木大拙博士をはじめとして、過去百年のあいだ、仏教徒として西欧世界に向かって仏教や禅を説いた人びとは、それぞれ仏教というものを世界に冠たる宗教として宣揚することに使命をもっておられたのであり、今で言う「諸宗教の対話」とはまるで質や内容の異なるものであった。

だから私は今の諸宗教対話の時代を、「ポスト鈴木の時代」などと言って顰蹙を買っている。実際、この頃欧米では、ミシガン大学のロバート・シャーフ氏のように、近代日本の世界的な仏教者たちの態度を批判し、これをはっきりと宗教を装った「日本のナショナリズム」だと決めつける人さえ出てきた。

欧米のキリスト教徒たちのあいだに、そういうような偏見が潜んでいるとすれば、今日いくら平和的に宗教間対話が行われているとしても、一触即発、宗教戦争が起こらないとも限らないと私は思っている。また仏教徒の側でも、いつまでも仏教こそが世界中の宗教で最も優れたものであるとして、まったく他を顧みないのであれば、これまた真の世界平和など希求すべくもないことになってしまうであろう。

私は自分の人生の清算をするうえでも、そうしたお互いの宗教的独善がこれからも続くのであれば、人類はいつまでもその手から武器を離さないであろうことを、深く危惧するのである。

宗教はじつに困ったもので、自己の信仰を確立するためには、自己の信奉する宗教を絶対視しなければならないのであり、そのためには戦争をも辞さないのが道理である。しかし他方で人類の平和と希望を求めることもまた深い宗教心の発露である。宗教は本質的にそういう矛盾した両面をもっているのであり、そのこと自体をお互いがよく理解し合うことが対話の時代の根本条件でなければならないであろう。

私自身は、自分の人生がそれによってまったく塗り替えられてしまうほどに、キリスト教徒たちとの対話をほとんど日常的なものとしている。だからといって禅僧としての立場に揺らぎを覚えたことは一度もなく、むしろキリスト教徒との対話によって、かえって自分のなかに潜んでいた深い禅心を呼び覚まされ、ますます禅宗の祖師たちの教説に感動せしめられるようになったくらいである。

二

要するに私の考えはこうである。いずれの時代の祖師たちも、師の下での血のにじむような修行を通して仏陀の法を体得し、やがてそれを自家薬籠中のものとして人生を味わい、かつ大慈悲をもってその法楽を弟子たちにも伝えようとした。それが歴史的に形成された禅宗教団の内容である。そういう尊い宗教的伝灯はまさに人類全体の遺産である。しかし問題はそれが人類の発見した生き方のすべてではないということである。

地球上には多くの民族があり、習慣があり、宗教がある。それぞれみな人間が人間として求め、見出してきた生きる道であった。それが今世紀になって交通やメディアの発達にともない、ようやく接触あるいは激突をするようになったにすぎない。お互いの宗教はこうして他宗教との相対関係に置かれるようになった。ただそれだけである。だから自分の宗教が危機的になったと感じる必要はない。むしろ相対関係のなかで自分の宗教の長所短所がよく見えるようになったということである。このことは人類の進む方向であり、まことに好ましい二十世紀の特記すべき出来事の一つと言わねばならない、と私は本当にそう信じて止まない。

私は他宗教の人とこのように対話のできるようになった運命に感謝し、仏教徒の一人として、そうでなければまったく見えなかった自己の向こう側を見ることのできたことにこのうえない喜びを味わっている。キリスト教徒に対しては彼らの信仰告白に耳を傾け、少しでもそれを理解したいと思う。私のそういう態度に対応して、キリスト教の人たちもまた仏教について知りたいと、真摯に問いかけてくる。お互いが議論し優劣を競うためではない。お互いが理解し、それによって自己の人間としての内容を深めようとする願いからである。

少なくとも私が過去四十年あまりをかけて出会ったキリスト教の人びととは、そういう点で意気投合してきた。それでもなおお互いの宗教教団のなかには、他宗教との対話を宣教の一端として恐れ危ぶむ人が多い。そういう人に限って自己の信仰に自信がなく、ただ他宗教に対して疑心暗鬼であるのは、まことに哀れむべき精神性であると思う。

語りかけることは同時に聴く相手を必要とする。宣教や折伏とは異なり、対話においてはこちらが聴こうとしない限り、対話の相手は聴く耳を傾けないであろう。二十一世紀には、独善的な宗教がそのような形で地球上から自然淘汰されていくような気がしてならない。

対話と沈黙――東西霊性の交流に思う

一

一九九三年、つまり明後年には、シカゴでコロンブスのアメリカ大陸発見四百年を記念して開催された、あの「万国宗教会議」（一八九三年）の百周年がやってくる。その記念のための諸宗教の集まりの準備もすでに始まっている。シカゴの万国宗教会議の記録を見ると、キリスト教の内部では、諸宗教の信奉者が一堂に会して信仰や教義について語り合うことの是非をめぐって、その準備の段階からずいぶんと議論があったようだ。カンタベリーの大司教など、キリスト教が唯一絶対宗教であり、他の諸宗教と同等の立場で信仰を語り合うことは不可能であり、それは神の冒瀆にもなりかねないとして協力を断っている。会議の賛成論者にしても、この会議がキリスト教を世界に宣教する絶好の機会になればとか、異国でキリスト教を宣教するためには異教についての知識も必要だからとか、いずれにせよキリスト教優位に立つ狭隘な発想が強かったようだが、それもまあ当時としては十分考えられる状況ではあったであろう。

それにしても、二千年にわたるキリスト教の伝統的閉鎖性にメスを入れ、各宗教教団のもつ形は、人類が真に向かわんとする普遍的宗教への単なる過渡的形態にすぎないのであり、宗教にはいささかも停滞ということがあってはならないとする「進化論的発想」こそが、シカゴ万国宗教会議を可能にしたことは確かで、それはじつに尊い人類の遺産となった。

たとえば、この精神を継承して始まった「世界自由宗教連盟」（ＩＡＲＦ）は、いま九十年の歴史を数え、昨一九九〇年七月には、その第二十七回世界会議が、ドイツ統一直後のハンブルク市国際会議場で開催され、私はチュービンゲン大学のハンス・キュング教授とともにその基調講演をする栄誉を与えられた。

世界各地から参集した六百名の人びとは、いずれも伝統的教団からは自由な信仰者であり、人類の平和と幸福を願う熱き心の人たちであり、私だけが僧衣を着けたただ一人の伝統教団人であった。大会に参加していろいろと考えさせられたことについては、別に稿を改めたいが、彼らがいわゆる「世俗都市」のただなかに出て、「テンプルからストリートへ」を実践されている、その宗教的真摯さには大いに敬服させられた。このほかにも私は、国内国外で催される東西宗教の各種の会議に出席し、この二十世紀に象徴的な諸宗教の潮流に立つ貴重な体験をさせていただいている。

二

さて、このたびの第四回東西霊性交流においては、ヨーロッパ全域のカトリック修道院の修道士・修道女二十名がわが国の臨済・曹洞・黄檗各宗の専門道場で、一か月の禅堂生活体験をされたのであるが、私は彼らに「禅堂の生活」についての予備学習のためのレクチュアーをさせていただいたほか、シンポジウムの司会役も担当した。

シンポジウムでは、午前中のテーマを修道士たちの僧堂における体験報告と若干の疑問点に絞り、各僧堂滞在者の意見をそれぞれの代表者が報告した。午後は霊性交流の体験がいかに仏教とキリスト教、両宗教の個々人の信仰と関係するかについて、これは修道士の側と禅僧の側からとくに指名された人びとによって、いわば信仰告白というような形で話された。

私はシンポジウム全体の総括をせよとのことであったから、終始口を閉ざし、対話の進行を全身耳にして聴き入っていた。対話のための集会なのに、正面に坐って沈黙を守るという妙な経験は初めてのことであったが、しかし「総括」(事柄を全体的に把握するということ)のために「沈黙」というものがいかに役立つかという、個人としては尊い体験をしたように思う。

修道士・修道女たちにとっても、禅僧たちにとっても、本来的に彼らの日常生活は沈黙に基づいているのであり、だからまる一日のシンポジウムは、参会者にとってまったく非日常的な事態であったであろうと思う。

私は心のなかでこう思っていた。体験を語るということは一体どういうことなのであろうか。語るべきであるか、あるいはあくまで自内証的に味わわれるべきものであるか。とりわけ、「霊性の交流」ということで、冒頭に述べたような各種の「対話」とはまったく異質な接触をし合うこの種の宗教交流において、このような体験報告や信仰告白が果たして必要なことであるのだろうかという、幾分アイロニカルな発想であった。

体験を語ることは、宗教においては、お互いが各自の信仰を自覚的にするには役立つし、またそれによって相手側の信仰を深める契機をつくる役割もある。キリスト教における信仰告白や宣教、禅における問答商量《もんどうしょうりょう》や説法・示衆《じしゅう》といった事柄がそれであろう。

しかし同時に他面で、あえて語らないということも重要であるとすることがいずれの宗教にも共通にあって、とくにミスティシズム（神秘主義）の語が口を閉じることを意味するゆえんである。語ることは求道者をかえって迷いに導くばかりか、語ることによって体験が限定されてしまうという危険を避けるためである。

キリスト者が禅堂生活の体験をすることとは、語りを通して他宗教を理解するということとはまったく別次元の、あくまでキリスト者その人の内的体験であり、たとえば坐禅や作務《さむ》もキリスト者によるキリスト教体験でなくてはならない。同じように、禅者がキリスト教修道院に入って生活をすることも、禅者自身の禅体験であるはずである。少なくとも語り合いによってキリスト者の信仰が部分的にせよ仏教化したり、仏教者の自覚がキリスト教的になったりするものであってはならない。しかし、もしそうとするならば、東西霊性交流におけるシンポジウムの固有の意義は那辺にあるのだろうか。

われわれ司会者は、シンポジウムに先立って、この点を深く考慮しておいたと思う。単なる僧堂体験の印象報告ならば、それはすでに過去三回にわたって行われてきているし、それらはいずれも異文化のなかへ突入したものが味わうカルチャーショックにすぎず、ゆえにいつも同じ内容が繰り返されたのである。また信仰告白というようなことでも、それを信仰の異なる宗教者の前に陳述するのはどういうものかというような逡巡もあった。

修道士側の代表者であるピエール・ド・ベテュヌ神父は、「こういう霊性交流ということは、みんなが一つの井戸の周りに集まって、深い井戸を覗き見ているようなものではないか。互いがいくら近づき合っていても、やはりそのあいだには深くて不可視な部分というものが存在し、それを皆で共有し合うということではないか」というようなことを言われた。私はこれを聴いていて、大いに共感するところがあった。そういう深いリアリティーというものをお互いが承認し合って、その周りに集まること、それが「霊性交流」という場合の「交流」の意味であろうと思ったからである。

駒沢大学の鈴木格禅教授は、「宗教には、変わってはならない部分と変わるべき部分とがある。だから、たとえば変わってならないものが変わったり、変わらなくてはならぬものが変わらなかったりしていては、『交流』は真の意味で成り立たないのではないか」と語られ、これはやはりベテュヌ神父の発想と通じていると思われた。

シンポジウムが一つの共同宣言のようなものを公表せず、しかもお互いを認める和やかさの雰囲気のうちに終わったことは、この東西霊性交流が将来に向けてなお大きな可能性を残したものであることをよく示しており、お互いがこれによって一層強い友情を確認しあえたことは間違いないと確信したのであった。

良心的修道者トーマス・マートン神父

一

良心とは、「何が自分にとって善であり悪であるかを知らせ、善を命じ悪をしりぞける個人の道徳意識」であると広辞苑に言う。良心についてのこのきわめて一般的な定義にふれるだけでわれわれは、深く静かな魂に響く良心の叫びに戦《おのの》き、かつは安逸と怠惰の自己に対する嫌悪を禁じ得ないであろう。

とりわけ修道者として生きる者に、この感慨には格別なものがあるのではないか。世間を離れ、修道者としてイエスとともに生きる道を求めてゆく者にとって、現代の抱えるさまざまな世俗的問題に対して、良心の呵責というものが重くのしかかってくるであろう。そして、実際そうであればこそまた、修道者というものに対して、社会は期待し支持するのであろう。

にもかかわらず、この厳粛な修道者の宗教的反省が、どうしてもっと修道者各自の自覚にのぼり、さらにはそれが単に個人としてではなく、悪を駆逐し善を促進するための倫理的共同体となって力を発揮しないのであろうか。それとも、かかる道徳的な要求というものは、どこまでも要求としてのみあり続けるものなのか。

もしそうであるならば、宗教者も人間として、自己のうちなる崇高な良心と自愛のはざまに呻吟しておればよいことになるのか。そう割り切ってしまうこともできないものが、修道ということにはあるはずではないか。

特定の宗教宗派に限らず、今日、その構成員の指導者たる出家修道者に良心の欠如というものが目立ち、世間の失意と怒りをかっているのは事実である。

カント的に言うならば、道徳的であるということは、単に人間のうちなる善の芽を発展させるだけではあり得ない。それは善に対する悪を克服しなくてはならない。徳とはまさに敵に対する勇気なのである。われわれは、われわれのうちなる道徳法（善）と自愛の原理（悪）との秩序の顚倒をさらに顚倒しなければならないのである。

このようにして、修道者が良心の叫びに従うということは、単に、神を見るとか、仏性を徹見するとかいうような善の原理の開発だけではあり得ないのである。それはまた、内的外的悪とのたたかいをも要求するものでなければならない。私が出家修行者に不満を抱くのは、この後者の面においてである。そういうときに出会ったのが、カトリック修道士、トーマス・マートンであった。

二

トーマス・マートン神父。彼はカトリック教トラピスト派修道士で、米国ケンタッキー州にあるゲッセマニ修道院の指導者であったが、四年前（一九六八年十二月十日）バンコクで開催されたアジア地区キリスト観想修道院長会議に出席し、宿舎の個室で扇風機に感電して、五十三年の生涯を閉じたのである。

彼の名は、トラピスト派監督官によって長く出版を押えられていた、彼の自伝『七重の山』（一九四八年）によって一躍人びとに知られた。その波乱の半生と豊かな思想の遍歴は、彼自身の筆によって余さず記録されていたから、その売れゆきは四十万部とも言われ、米国市場第三位のベストセラーを続けたという。それと前後して刊行された論集や詩篇も二十巻に及んでいる。

私が初めてマートンの名に接したのは一九六七年の暮、あるアメリカ人の友から送られてきた新著『神秘家と禅匠たち』によってであった。書物の内容にはそれほど興味を覚えなかった私も、ゲッセマニ修道院を背景に立つ修道衣姿の偉容にひどく魅了されてしまった。何ものにも屈しない意志を示す眉毛、知性豊かな眼ざし、全身ににじみ出た宗教者の品格、清廉潔白の修道衣……。私はただそのあまりにも男性的な容姿にしばらく見入っていたのを記憶する。

むろん私は、師表とすべき道力優れた禅匠や、知性豊かな学問の師に恵まれてきている。にもかかわらず、マートンの写真には不思議な魅力があり、一挙に私を虜にした。彼がカトリックの修道士であり、自分が禅の学徒であるという違いに問題はなかった。ただ私がひそかに求めていた修道者との邂逅の歓びだけが私を包んでいた。このマートンに対する第一印象はとにかく強烈なものであった。ちょうどその頃、鈴木大拙博士が「禅に対する洞察においてマートンに及ぶものはなかった」と述懐されているのを読み、むべなるかなとわが膝を打ったものである。とにかくこうして私はマートンと出遇う日をひそかに期待したのである。

一九六九年三月、米国オハイオ州でマートンの急死の訃報を聞き、私は他人事ならず愕然とした。彼は永年夢見た日本への旅行に出かけ、途中タイのバンコクで神に迎えられたのである。不思議なことがあるものだ。彼は二十六歳にして世俗の生活と訣別したが、その聖なる修道の生活も二十七年後の五十三歳、突然の死によって閉じられたのである。それにまた、修道院入門と同じ日、つまり十二月十日が彼の修道生活の終わりの日となったのだ。私にはマートンの生涯のこの明確な聖俗の二分が、神の企図であると思われてならない。

晩年のマートンは、かつて彼がそのようにして修道院へ入ったように、こんどは修道院から出て東洋の禅へと向かうかに思われた。言うまでもなくそれはマートンにとって不要なことであった。彼はキリスト者のままですでに十分禅者であったのだから。そういう意味で私は彼の死を神の適切な判断によるものであったと思ったのである。

三

トーマス・マートンは、フランス人である画家の父とアメリカ人の母とのあいだに生を享け、不幸な両親の運命とともにその幼き日々をアメリカやヨーロッパを往来して送った。彼の美的才能は天賦のものであったとはいえ、もしヨーロッパ的風土の洗練がなかったならば、遂に顕われないままに終わったかもしれない。ヨーロッパを遍歴するなかで彼は、またキリスト教的伝統に培われたであろう。彼は建ち並ぶローマの街の聖会堂や教会の建築美に魅了されたのである。しかし、彼のその後の宗教的生活を決定的にした要因は、ある夜、彼の個室において突如訪れた不思議な霊的経験であったという。彼はこのとき生まれて初めて神の現前を感じ、恐れ戦いて祈りについたと告白している。

また、青年マートンは、イギリスのケンブリッジで知り合った女性をめぐっての、愛の相剋、さらにこの女性が何者かによって殺害されることによって、血腥い人間模様に深い嫌悪を抱いていたようだ。

一九三五年といえば、ナチス政権成立の直後で、アメリカは不況とファシズムの台頭によって混乱をきわめている頃であるが、この年マートンはコロンビア大学に入学した。彼はキャンパスに湧き起こる反戦運動の嵐のなかで一躍アイドル的存在となり、『ジェスタ』誌の芸術欄担当者として、エネルギッシュに活躍するのである。

しかし、このような華々しい外面生活の反面、マートンは常に自己自身の孤独に立ち返る性向をもっていた。彼の宗教的生活へのひそかな希望も、この頃から意識化してきたらしい。彼は、教会活動に活発に参加する傍ら、パタンジァリ・ヨーガを行じたり、山小屋に籠って物を書いたりした。将来聖職者となるか、ハーレムに入って社会奉仕家となるかの二者択一に悩んだ彼は、決意も新たに僧院の厚い灰色の壁のなかに生涯を埋める道を選んだのである。一九四一年十二月十日、太平洋戦争開戦の二日後のことである。

修道生活のなかで、彼はカール・バルトやガンジーを読み、真理、暴力、戦争、技術文明、などについて考え続けた。一九六五年、庵居生活に退いたマートンの関心は、世界平和と観想生活の二点に集約されていたのである。

四

最近、春秋社から『わが非暴力』と題する藤井日達上人の自伝が刊行され、これを読んでみると、何とこの人こそ、わが仏教圏における良心的修道者の典型なのである。マートン神父の感動醒めやらぬ私は、ここでふたたび自分の所行を恥ずかしめられた。

修道者は本来「砂漠的」であり、社会の進展と反対の方向に立つものとされる。東洋的に言えば「山に入る」ことにほかならない。この点からも見れば修道者に要求される良心的行為は、自己の内なる善の原理をして悪の原理に勝利せしめ、もって自己を神、あるいは仏のイメージに近づけしめることにある。それはすでに至難の行であり、修道生活が洋の東西を問わず「砂漠」や「乾燥」を風土とするゆえんである。

しかし、そのような観想や瞑想による内的修道の途はそもそも何のためのものか。それに対しては二つの答えがあろう。一つは、修道者の途はあくまで出世間的であり、それは世界とのかかわりを絶ってこそ意味があるとするものである。行為という点から言えば、世俗的世界における行為に比して、直接神へ行為し、神のわざに参画することであり、これこそ「より優れた行為」であると考えるものである。

もう一つは、修道者の生活を科学時代においては、もはや何の意味もないざれごとであるとして、その意義を無意味化するものである。このような意見は、今や修道者自身のうちからさえも聞かれるようになってきている。

しかし本当にそうであってよいものであろうか。私は修道者が真に修道者であるために是非とも持たなければならないものは、世界に向かう良心であると考える。そういう良心とは、世界において悪と戦う勇気である。内的良心と外的良心とは本来一体のものであって、別のものではない。

マートンの最後の論集『行為の世界に於ける観想』は、まさにこの点について目をそらさぬマートンの魂の記録なのである。彼はこの時代が、「神の不在」「頽廃」「信仰無能力」の時代であることをはっきり認識する。そして、そういう時代なればこそ、キリストの「死—復活」を、各人が身をもって体験することができるのであり、そこに明確なるキリスト教発展の証《あかし》を見るというのである。世界とともに苦悩すること、世界の悪に挑戦すること、それが内的良心の優れた証であるかのごとくである。

良心的修道者は、かくして悪と戦う宗教者である。じっさい、マートンは第一次世界大戦では平和主義者として良心的兵役拒否を行い、第二次世界大戦およびベトナム戦争に対しては、果敢な反戦のアピールを行ったのである。彼の社会正義は非カトリック教徒の共感さえ呼び起こし、歌手のジョン・バエズはしばしば修道院に彼を訪ねたし、レニイ・ブルースは夜毎のステージをマートンの詩によって閉じたという。

バンコクの会議で「マルクス主義と僧院の展望」を講演した彼は、死の当日も修道者の独身制の改革について、熱気ある陳述をしたと言われる。宗教教団の内外にある悪をしりぞけ、善を溢れさせることなしには、修道者の内的良心も全きものとはなり得ないことを、彼は身をもって示したのであった。

ゲッセマニ修道者会議の印象

一

読者の方々はトーマス・マートン（Thomas Merton）というトラピスト派の修道士をご存じであろうか。ともかくこの人は、私がいつも心の片隅に置いている〝好きな修道者〟の一人なのである。ただし彼はもはやこの世の人ではない。いま彼は終末の日の到来を待ち侘びながら、米国ケンタッキー州ゲッセマニ修道院の墓地でひとり静かに眠っている。

一九九七年七月二十日から八日間、私は思いがけなくもダライ・ラマ師の呼び掛けになる「諸宗教間修道者会議―ゲッセマニ集会」という国際会議のため、日本からただ一人の代表として招かれ、ここを訪れて一週間ものあいだ滞在し、今は亡きマートン神父の余薫に浸る機会を得た。

じつはもう三十五年以上も前になろうか。一九六〇年、私が初めてアメリカ東部ペンシルヴァニアに留学していたとき、トラピスト修道会にトーマス・マートンという指導的な人があって、彼が鈴木大拙の名作を通して、遥か極東にある禅に、深い関心をもっていることを知った。

一九七〇年頃、ニューヨークのゲネッセ修道院にいるスタンレイ・ジプロ修道士（この青年は関西外国語大学に留学中、私の講義を聴いて修道院に入る決意をしたというのだから、私とは深い因縁で結ばれている）が、この本は面白いから読んでみたらどうかと、わざわざ送ってくれたのが、刊行されて間もないマートンの随想集『禅と食いしん坊の鳥たち』という、雪舟の破墨山水画を表紙にした一冊の本であった。この本はマートンの死んだ一九六八年に第八版として出されたもので、裏表紙には次のように書いてあった。

マートンという人は、只に仏教を興味本位に外から学んだのではなく、トラピスト会の修道士であるという、その霊性の内側からの情念と活力を以て仏教と関わったがゆえに、アジア的経験というものにすっかりアットホームな気分を持ってしまう珍しい西洋の精神であった。

マートンは彼の友人である鈴木大拙と同様、どんな体験でもそれがはっきりと創造的で霊的と言いうるような場合には、そこに禅と呼ぶべきものがあるに違いないと固く信じていた。禅を学ぶということは、教義を学ぶことではなく、端的にすべての創造的な思想や行為の根底に横たわっている、純粋で直接的な経験の地平にまで至ろうとする試みなのだ。

マートンと大拙との交友は、一九五九年の春、マートンが『ベルバ・セニョールム』を翻訳して、『砂漠の智慧』と題した著作を、鈴木大拙に贈呈したことに始まるという。大拙はそれを通読し、応えて「知慧と無垢」と題する一文を草し、砂漠の教父たちの智慧には禅に通じる深いものがあると述べた。マートンはこれを大いに喜んで、さらに「パラダイスの回復」と題する一文を加え、これらをまとめて一本とし『空における知慧』と題して、ニューヨークから刊行した（『ニューディレクションズ一七』、一九六一年所収）。

このやり取りが大拙をして、「マートンというカトリックの神父さんと問答したが、あれはなかなかおもしろいぞ」と言わしめたものらしい（鈴木大拙ほか著・工藤澄子訳『禅についての対話』、筑摩書房、一九六七年、グリーンベルト・シリーズ91、訳者あとがき参照）。

二

一九六九年の春学期、私はオハイオ州のオーベリン大学に客員教授として三か月のあいだ出講したが、そのとき、学生の一人からトーマス・マートンが前年の十二月十日、タイのバンコクで事故死したことを聞き、大変ショックを受けた。その年私は、オハイオ州のクリーブランドからケンタッキー州に飛んで、憧れのゲッセマニ修道院にマートン神父を訪ねるつもりであったからである。失意のうちに大学の書店でマートンの追悼写真集『プラタナスの人』を求め、その知性と霊性に満ちたマートンの生涯に魅せられ、たちまち彼の虜となってしまったのである。解説文によって彼の人生の数奇な足どりを追っていくうちに私は、ここにこの人ありしにと、彼との縁の薄かったのを怨んだのであった。

この写真集が私に感銘を与えたものは、彼の深い思想もさることながら、彼が宗教者として生きたその生きざまの創造性と活力であった。たとえば次のような事柄を知って、私はもう魂の底まで揺すぶられる思いがしたのである。

まず第一は、彼の生涯が俗と聖の真っ二つに分けられていることである。彼は自分が修道院に入った記念すべきその同じ十二月十日に、突然人生を閉じることによって、生涯を完全に二分したのである。すなわち彼は二十六歳で世俗世界と訣別して修道院に入ったのだが、二十七年を〝修道士〟として生きた後、これに終止符を打ったのである。

第二は、彼が持っていた社会への深い関心である。彼は話しすぎるトラピストとさえ言われながらも、常にカトリック的修道の霊性的立場から、世界の不正義に対して憚らない発言をしたのである。彼の関心はもっぱら人間世界の平和ということにあった。社会的・人種的正義、自由、愛、そして内的観想生活を愛し、これを否定するような戦争や黒人差別に対しては、キリスト者の非暴力をもって対した。

第三は、彼はアジアの仏教徒からさえ仏陀の再来ではないかと言われるほど、仏教に深い共感を持って接近した。彼は第二ヴァチカン公会議以前の段階において、すでにタイやインドにチベット難民を訪ねたり、ダライ・ラマなどの仏教指導者と対話をしたりしていたのである。彼が禅に寄せた関心にもまた並々ならぬものがあったことは、前述のとおりである。

第四は、彼の反戦争思想とその実践である。彼はコロンビア大学在学中、左翼学生として果敢な反戦運動を展開していたが、太平洋戦争が勃発するや、その二日後、荷物片手に修道院に入ってしまったのである。

そういうマートンの修道者としての知性と良心に感動した私は、学園紛争の嵐の吹きまくる日本に帰国すると、「修道者の良心について」（春秋社PR誌『春秋』一四〇号、一九七二年）や、「T・マートンの僧院改革論」（『禅文化研究所紀要』第四号、一九七二年）などを書き、挙句はNHKラジオ・宗教の時間に、「ある修道士の死」と題して放送したりしたのであった。

さて、私はこのたびゲッセマニ訪問の記念にヘンリー・ノウエン著『トーマス・マートン―観想する批判者』(ツライアム・ブックス、一九九一年)を求めて、そのなかの「略伝」を読んだが、読者のために、ここに全訳しておこうと思う。

トーマス・マートンは一九一五年一月三十一日、フランスのプラドに生まれた。父はニュージーランド生まれの画家、母は画家で米国オハイオ州の出身。トーマスは二人兄弟の兄(三つ下の弟ジョン・ポールは一九四三年、イギリス海峡上空中戦で戦死した)であった。父はほとんど教会に詣ったことがなかったし、母だけがときどきクエーカーの礼拝に出かけていく程度であったが、それでも彼は洗礼だけは受けたのである。このことが、彼のその後の生い立ちにいくらかの影響をもたらしたことは事実である。

一九一六年、マートン一家は米国に移り、ロングアイランドに住んだ。トーマスが六歳のとき母は亡くなったが、父はそれまでのように作品を担いで、個展のための旅を続けていたので、彼は弟と一緒に祖父母の所で育てられた。一九二五年、祖父マートンはトーマスを連れてフランスへ行き、彼をモントーバンのリセで学ばせた。十四歳のとき、トーマスは父とともにイギリスに渡り、(ルートランドにある)オウカムの高等学校に入学したが、すでにこの頃、彼は英文学に対する関心をかなり深めていた。W・ブレイク、D・H・ローレンス、J・ロイスなどが彼の好きな作家であった。

一九三一年、トーマスの父は脳腫瘍のためにロンドンで帰らぬ人となった。十六歳であったトーマスは高校を終え、一九三四年まで在学したケンブリッジのクレヤ大学から学士の資格を得た。いく夏も、彼は祖父母とアメリカ国内やヨーロッパ各地を旅行したが、とくにイタリアとドイツに行ったときの体験から、彼は最初の小説のための多くの題材を得たのであった。一九三五年の二月、二十歳の彼はコロンビア大学に入学し、スペイン語、ドイツ語、地質学、憲法、フランス語などを学んだ。ここで彼は共産主義運動に参加し、学生新聞『ジェスタ』の芸術欄担当者となった。

エチエンヌ・ジルソンの『中世哲学の精神』を読んで、トーマスはスコラ哲学に関心を深める。彼はのちに友好を持つことになるダニエル・ウオルシュの聖トマスやドゥンス・スコトゥスに関する講義を熱心に聴いた。

その頃の彼はまた、仏教僧のブラッマチャリと深い交友を持ち、それを通してキリスト教の持っている素晴らしさも開眼せしめられた。

一九三八年、彼はムーア神父の導きによって、その年の十一月十六日、正式にカトリック教徒となった。

二十四歳でコロンビア大学から英文学修士の学位を得るや、彼はニューヨークにあるコロンビア大学系の学校で英語の教師となる一方、『ニューヨークタイムス』や『ニューヨーク・ヘラルドトリビューン』の書評欄を担当した。彼は友人のボブ・ラックスとよく語り合ったり、十字架の聖ヨハネ（訳註・中世のカルメル会修道士）のものを読んだりするうち、自分もいっそ修道士になりたいと思うようになっていった。

最初はフランシスコ会修道士になるつもりであったが、彼が正式の職位を持っていなかったため、これを諦めたのである。

一九三九年から四十一年までニューヨーク州オリーンの聖ボナベンチャー大学で英語を教えたが、そこでの二年間の生活は僧院のそれにも似て厳格であり、彼は克明に日記をつけ、三つの小説を書く傍ら（それらの一つも出版社は受け取ってくれなかったが）、ケンタッキー州にあるトラピスト会のゲッセマニ修道院静修会に出かけて参加したりした。一九四一年、マートンは大学を退職すると、ハーレムの黒人ゲットーに行ってバロネス・キャサリン・ホイックという人の下で働いた。

二回目にゲッセマニ修道院に行ったあと、彼はここに入る決心を固めた。自分の衣服はすべてハーレムの黒人に与え、蔵書はフランシスカンの修道士や友人に譲り、自分の書いた小説二冊は破り捨て、その他のもの――自分の詩、小説『ナチからの逃亡日誌』、そして日記など――は友人のマーク・ヴァン・ドレンに送り届けた。

一個の小さな布製カバンだけで身軽になった二十六歳のマートンは、一九四一年十二月十日（訳註・太平洋戦争勃発の二日のち）、こうしてゲッセマニ修道院の門をくぐったのである。彼はその最後の三年間は近くの独修所で独り住まいを許されたが、晩年をこの修道院のメンバーとして過ごしたのである。一九四八年、彼は自叙伝『七重の山』を刊行するや、一躍、作家として国際的にその名を馳せるに至った。そして彼の数多くの著書や論文が、世界中のキリスト教徒、および非キリスト教徒の霊的生活を深めることになったのである。

二十七年間のトラピスト生活において、彼はほんの数回修道院から出ただけであった。一九六八年、五十三歳の彼は極東へ旅行する許可を与えられた。アジア（訳註・タイのバンコク）におけるキリスト観想修道院長会議に出席した彼は、この機会に東洋の霊性に深く触れることができることを願っていた。彼はあちこちの仏教僧院を訪ねたり、ダライ・ラマともたびたび話し合いの機会を持った。また会議に集まってきている修道士や修道女たちのために討論を司会したり、彼らに講義をしたりした。

一九六八年十二月十日（訳註・偶然にも修道院に入ったと同じ日）、彼は講義を終えた直後、自分の部屋で扇風機の破れたコードに触れて感電死した。彼の遺体は修道院に運ばれ、十二月十七日ゲッセマニに埋葬せられた。

三

七月二十日の深更、私は単身ケンタッキー州のルイビル空港に降りた。閑散とした田舎の空港では、作業着ながら明らかにそうと知れる七十歳くらいの修道士が迎えに出てくださっていた。野生の鹿が横切るケンタッキーの田舎道には一本の電柱もなく、久しぶりに闇の夜の不気味さを見た。

四十分ばかり走ったところで闇の向こうに、私たちの自動車のライトに照らされて白亜のゲッセマニ修道院が浮かび上がった。三十年来の願いが今やっと成就したという感激で車を降りた。

あとで自動車を運転していただいたこの人はパスカル神父と言い、この修道院では副院長クラスの方だとわかったが、その客を迎える態度の親しさは並みのものではなく、真っ暗の修道院の廊下を通ってゲストルームに安単したときは、初めから帰《き》家《か》穏《おん》坐《ざ》という気分になってしまった。

私がこのたび、初めて知った「修道者の諸宗教間対話」(Monastic Interreligious Dialogue 略してMID)というこの国際委員会は、キリスト教と他宗教との対話を促進せしめるため、一九七八年に北米のベネディクト会によって創設されたもので、もと「東西の対話のための北米委員会」(North American Board for East-West Dialogue)と称したが、現在ではトラピスト会シトー派と協同して十五人からなる委員会を結成し、名称を「修道者の諸宗教間対話」と改めたものである。

本会はその名の示すとおり、今日世界的に進められている諸宗教間の対話のなかで、とくに修道生活をもっぱらにする者の集まりである。周知のとおりヨーロッパの修道会と日本の禅宗とのあいだでも、一九七九年から「東西霊性交流」が始められ、過去四回の交流がなされたのであるが、これがほとんど純粋に修道生活の体験的交流であるのに対して、MIDの方はどちらかと言えば修道者による対話という気分の強い会のように思われた。

とくにMIDが今回のような大型の国際会議を持ったのは初めてで、話の端緒は一九九三年、シカゴで開催された万国宗教博覧会(一八九三年)の百周年記念の会議において、ダライ・ラマ師が提案されたものらしい。会場も師が霊の友(Spiritual Friend)と呼んでいたマートン神父のゲッセマニ修道院でということになったそうである。

会議にはアメリカ・ヨーロッパの修道院長、大聖堂の司祭や管区長など錚々たるカトリック教団の指導者たち二十五人、それに仏教圏から招かれた人びと二十五人がラウンド・テーブル式に坐り、傍聴席には約九十人の人びとがこれに聴き入った。

黒い衣を着ている仏教僧は、私とミネアポリス禅センターから来ている曹洞宗の奥村正博さん、それにサンフランシスコの禅センターのノーマン・フィシャー師とブランチェ・ハートマン尼だけで、あとは偏袒右肩《へんたんうけん》に黄衣を纏った比丘や、灰色の衣に茶色の袈裟の韓国僧たちであった。

ダライ・ラマ師をはじめ、チベット、カンボジア、タイ、スリランカ、ミャンマー、ベトナム、台湾の坊さんたちはいつも会場の上席に坐り、その威厳を発揮したが、そのかたくなな態度は、大乗仏教圏から来た私には馴染めないものであった。

会議は午前、午後そして夜の三回にわたって、それぞれ二人ずつ、各自の伝統宗教における修道の方法と、その現代世界における意義について発表したが、その内容の報告は別の機会に譲ることとする。

会期中私はマートン神父の修道院に滞在しているという感慨に浸っていた。糸杉の大樹の下にあるマートン神父の墓に詣でて、『般若心経』一巻を唱え、彼の冥福を祈り、ゲッセマニ訪問の喜びを報告した。

別の日の昼下がり、ベルギーの聖アンドレ修道院から来ている旧知のピエール・ベチュン神父（ヨーロッパ修道会会長）と一緒に、歩いて三十分の山中にあるマートン神父の隠棲所を訪ね、一枚のスケッチ画をものした。

その日に歩いた日差しの強い七月の山道は、かつてマートンがミサのために、毎日一度は修道院へ通った道である。この赤土の道はマートンの庵に行くためのほかは通る人もなく、それを覆うように両側から萌えるような夏草がはみ出していた。

大分歩いて振り返ると、遥か彼方の丘の上にゲッセマニ修道院の塔が見える。修道院の厚い壁の外に出て、独修と著作の生活を許されていたマートンは、ここから修道院を眺めることによって、現代世界における修道院生活の意味を考え直す自由を持つことができたのであろうか。

そう言えばすでに二十四年前、四十歳の私はマートンの『行為の世界に於ける観想』という大冊を手にして、修道者マートンの宗教的良心に揺すぶられ、さっそくその冒頭の一章を翻訳して「T・マートンの僧院改革論」と題し、『禅文化研究所紀要』第四号（一九七二年）に寄せた。また春秋社のPR雑誌『春秋』に、「修道者の良心について」と題して書いた。

会議の中日であったか、マートン神父を偲ぶ会が営まれた。ダライ・ラマ師は、インドから持参した白いシルクのスカーフで、教会の中央に飾られたマートンの肖像画を包むように覆い、涙して花束を捧げられた。そしてマートンの美しい詩が朗読されたあと、しばらくチェロの演奏があり全員が瞑目した。私は祭壇の傍らに坐し、改めて彼との不思議な縁を感じ、彼の崇高な魂の一端でも日本へ持ち帰りたいものと、わが心に言い聞かせていた。

奥村一郎神父への応答―東西宗教交流学会にて

一

じつは私の方から奥村先生への応答を買って出たのですが、その理由はきっと奥村先生ならあまり難しい神学論争のようなことはおっしゃらないはずだという見込みと、もう何十年というお付き合いなので、やっぱり奥村先生の肚の内に入り込んで、あることないことを吐かせることが、この会におけるせめてもの私の役目ではないかと思ったからです。ところがそういう発想の甘さが祟りまして、今回は欠席を余儀なくさせられてしまいました。やはりふだん奥村先生はへらへらと気楽なことをおっしゃっておられても、しっかりと神様に護られていらっしゃるようですから、恐ろしいことですね。

さて案の定、ご発題の内容を拝聴しますと、いわゆる「霊性」に関する難渋な神学というものではなく、それこそことばの本当の意味で霊性的な、およそ他者の客観的分析というものを寄せつけぬような、先生ご自身の柔軟に揺れ動く霊性の純粋な持続ともいうべきものの、先生自身による反省的吐露でありますし、したがって内容全体は完結的、体系的なものではなく、まだまだ流動的なもので、今後においてまだまだ深められていく可能性をいっぱい含んでいる底のものであります。ですからこれをいま外から評したり、その内容をあれこれ俎上にのせてみても意味のないことと思います。とにかく霊性の「遍歴」なのですから、遍歴はどこまでも遍歴であるべきではないか、と私は思います。

ともあれ私が奥村先生に抱く憧憬は、先生の背後についてまわり、先生の確固たる「霊性」をものにしようとするためのものではありません。はっきり言って先生はクリスチャンであり、私は仏教徒です。お互いに信仰のうえにおいて断じて相容れない立場に立っているのであり、私はこの二つの立場の違いを曖昧にするような中間的なものを求める気持ちはさらさらありません。いくら親しくしてもキリスト教徒のみなさんの信仰は、私にとってまったく他なるものであります。

そういう私が、なぜクリスチャンである奥村先生に深い親しみを持つかと言いますと、奥村先生のなかにはキリスト教では包み得ない、何かもっと深く大きなものがあるように感じるからです。それはキリスト教という形態をとる、もっと以前のものと言いうるようなもの、あるいは私たちが知っているキリスト教よりも、もっと遥かなるものであるように私は感じとっております。

ところがほかでもなくそういう先生に見られる「遥かなるもの」が、なんと私のなかのどこかにある「遥かなるもの」と感応同交するのを、先生と歓談していてしばしば経験するのです。クリスチャンである奥村先生と、仏教徒である私が対面しているとき、私が仏教徒の友達にさえ見出すことのない共感の地平が、奥村先生のなかにあるのを、私は以前からずーっと感じてきました。どうかすると奥村先生という全人格に、私は平素自覚している自分自身よりも、もっと本当の自分を見出すようにさえ思います。つまり私は、自分では手の届かない私のなかに、奥村先生を通してもう一人の自分に出会うような気がしています。奥村先生と向かい合っていると、先生がそういう私を見せてくださっているような気がします。歯の浮くようなキザな言い方ですが、じっさいそうなのです。

もし私にも霊性というようなものが授けられているとしたら、そういうわが内なるもう一つの遥かなる私を、私以外の人を通して直観する能力ではないかと思います。そしてそれは決して、これはこうだと断言できないような、非常に不可思議な、「遍歴」的な、じつに自由自在な何ものかなのです。

じっさい、奥村先生と同様に、そういうわが内なる私の霊性も、今までずいぶんと遍歴を重ねてきましたし、今でもまだ、いかなるものに対しても同化し得るような自由さを持って、私のなかではたらき続けているのを覚えます。これは私が恣意をもって制御することができない超越的なものであって、いわば私に生得的に与えられた天性のようなもので、私はそのことを自分でも不思議に思います。

二

奥村先生は初め中川宋淵老師に出会って坐禅に親しまれた。それは先生の自発的な選択というよりも、まことに先生の深き霊性の胎動であったように思います。選択ならば先生がキリスト教となる時点で、坐禅の方は影を薄めてしまったはずです。逆にまた若い日の先生が、聖書に出会ってあれほどの嫌悪の念さえ感じ、アンチ・キリスト的な卒業論文まで書きながら、なおも先生をキリスト教徒となる洗礼に赴かしめたものは、先生のなかにある先生を超えたものであった、と言わざるをえないでしょう。もし先生がキリスト教信仰への道を選ばれた動機が、坐禅を止めてというならともかく、こともあろうに信仰のゆらぎを、禅僧である宋淵老師に打ち明け、老師の「汝洗礼を受くべし」の一転語によって、キリスト教徒への道が一挙に開かれたというのですから、これは先生の選択や決断によったのではなく、先生のなかにあった、先生以上のものの誘いにほかならなかった、と考えざるをえません。他者の一言が響くためには、自己の内面にそれを受けるものが先天的に用意されていなければなりません。とりわけ禅僧中川宋淵の呼び声が、求道者奥村青年を、禅の方へではなくて、逆にイエス・キリストの方へ向き変えらせたという理不尽なできごと、これは宋淵老師の霊性と、奥村青年のなかにあった霊性との、霊性的ハタラキの激突というべきであります。

私の理解します霊性というものは、このように日常的、自覚的な私を遥かに超えたものでありますが、しかもそれは日常的、自覚的な私よりも、なお私に近い私として存在しているように思われます。私という一個の人間は、しかしながらどこまでも、私という自覚的限定的な生き物として毎日を生きており、決して霊性の影でもなく傀儡《かいらい》でもありません。つまり私の生活は、決して自覚的に霊性的というものではありません。毎日をただ世界の状況と対応しつつ生きているにすぎません。

具体的に私は仏教徒であり、とくに禅仏教の思想と実践によって毎日を過ごしていますから、キリスト教とはある意味で向かい合っているわけです。そういう意味では、私は普通の仏教徒よりも、もっと仏教徒であろうとしているかもしれません。とくにキリスト教徒との出会いの多い私は、キリスト教徒を前にすることによって、その分だけ一層自分の信仰を確認してきたと言えます。

しかもその確認は、キリスト教に対して居直ろうとする戦闘的自己の確認というよりは、むしろキリスト教によって明らかにされる、自己の半面性の確認です。今まで自己に見えなかった自己の半面を、明るみに出されるような感じです。そして今までの自覚的自己が、自分の半面でしかなかったことを思い知らされるのです。それはたしかに私の深いところにある霊性の顕現でもあります。霊性のハタラキがなければ、自分の信仰にとっての負であるような一面が、このように素直な仕方で自覚的に受け入れられることはないと思うからです。

じっさい私の生涯を決定的にした私の信仰は、このようにしてはっきりと禅仏教であり、それは半面に、キリスト教信仰の可能性をも含むような、深い霊性に導かれております。まことに古歌に、「分け登る　麓の道は　多けれど　同じ高嶺の　月を見るかな」とあるとおりでありまして、われわれはそれぞれまったく異なった道を歩みながら、しかもじつは、深い一つの霊性に誘われているという事実に、私は深い確信をもっております。

本多正昭先生の「相即」論を聴いて
――南山大学宗教文化研究所シンポジウムにて

一

私は一九三三年（昭和八）の七月、滋賀県の片田舎にある農家の十人目の末息子としてこの世に生を享けたのですが、「一子出家すれば九族天に生ず」ということを信じていた私の両親は、満二歳になったばかりの私を、近在の禅寺に小僧として差し出したのです。自分の意志によってではなく、興福寺の南明和尚と、私の両親との合意によって、私は出家したわけですから、成長してからの私は、自分に降りかかったこの数奇な運命を、ずいぶんと恨んだものです。

禅寺の生活は清貧を極め、また在家の生活とはほど遠い厳格なものでしたから、物心ついてからは、何度かこっそりと寺を出て母のもとに帰ろうかと思ったのですが、どこにわが家があるのかも分からず、また人づてに母は私が五歳のとき、すでにこの世を去ってしまっていることを知り、結局逃げそこなってしまいました。禅僧としての私の人生は、このようにして始まったのですから、初めがあってないようなものです。どんなことでも動機は甚だ曖昧模糊《あいまいもこ》としているにもかかわらず、結果は明瞭であるようですから、私の人生もプロの禅坊主として、もはやつぶしが効かなくなってしまいました。

　私はよく自分の生き方を楕円形人生だと言っているのですが、その意味は中心が二つありながら、何となくそのままに全体としてそれなりに、アイデンティティーを形成していると思えるからです。現在ですと、禅寺の住職として寺の勤めを果たしながら、檀信徒の皆さんと宗教的な接触をし、しかも大学の教員として片道二時間近くかかる京都の大学まで通って、もう四十年近く研究と教育に携わってきたわけですが、距離的にもかけ離れ、しかも宗教者としての仏道の実践と、禅仏教についての原理的研究という、かなり質の違った二つの事態が、私にとって決して別の事柄ではなく、相補的に緊密な関係を保ちつつ、私の人生の内容を形成してきたということです。

　それともう一つ、やはり自分が生家を出て、専門の宗教者となって六十年も生きてきていながら、いまだに自分を外から眺める癖が直らないということです。つまり世俗世間で生活している兄弟たちと、ときどき出会うことによって、私は決して本当の意味で「出家」していないのです。そして今でも法事が済んで法衣を畳んだりするとき、ふとこのようなものを身につけることの不思議な運命に、驚きさえ感じることがあるのです。深い意識の底で出家と在家が二つに分かれていて、それが日常的な生き方のなかで、かえって深みを与えているようにさえ思われ、これもまた楕円形のように思われます。本多教授の提出されている課題の中心は「相即」ということですが、私の場合このように、人生の生き方そのものからして「相即的」になっているのではないか、と思うのですが、いかがでしょうか。

それから最近になってもう一つ面白いことを思いついたのです。先に申しましたように私は幼少のとき寺にもらわれてきましたから、毎日夕方になると師匠は私を肩車して、鐘楼に上って晩鐘を撞《つ》きました。朝は四時頃ですから師匠が自分一人で撞いていましたが、夕方になると鐘撞きは私の楽しみでもありました。ところで鐘を一つ撞くたびに師匠は、口癖のように一つの道歌を唱えてくれました。「鐘が鳴るかや、撞木が鳴るかや、鐘と撞木の間《あい》が鳴る。ゴーン」という歌ですが、もちろん私には何のことか分からなかった。しかし毎日のことですから肌で覚えてしまっているのです。

ところでこの歌をよく吟味してみると、これこそ「相即」の事実にほかならないのです。もう三十年ほど前になるでしょうか、弁証法というものについて考えていて、突然この歌を思い出したのです。ああ、あの歌こそ弁証法の論理を、問答無用と言わんばかりに「ゴーン」という一つの音にして突きつけているではないか、と気づいたのです。まあそのようなわけで、私は「相即」ということを、論理以外の、あるいは、あらゆる論理を尽くしたあとのこととして、実体験的にしか受けとれないのですが、そんなことを言っていたのでは、このようなシンポジウムでは話になりませんので、いちおう本多先生の問題提起に対して私の考えを述べることにしたいと思います。

二

禅僧として伝統教団の閉鎖的習慣のなかに育ってきた私は、青年時代にキリスト教徒たちとの出会いによって、想像もしなかった広々とした世界へと連れ出されたのです。キリスト教との出会いは私にとって、まさに「邂逅」と呼ぶにふさわしいものと思います。デユモリン先生から *Christianity Meets Buddhism* の邦訳を頼まれたとき、『仏教とキリスト教の邂逅』（春秋社、一九七五年）としたのはそのためだったのです。

私は敗戦の翌年、つまり一九四六年、旧制の彦根中学校に入学し、そこでそれまで敵国語とされていた英語を、サミュエル・ニコルソンというアメリカ人の先生から初めて習いました。先生は宣教師として来日しておられた方であったらしく、よく授業のなかでキリスト教について話されたのですが、何のことかまったくわからないばかりか、敗戦国の仏教徒としての私は、ひそかに強い反感を感じていました。

禅を学ぶために花園大学に入った私は、もともと哲学に深い関心をもっていましたので、折しも教授として在職しておられた西田幾多郎門下の泰斗久松真一博士について、幅広い禅の思想を学び、学部の卒業論文に「キェルケゴールの実存と禅の実存」を書きました。着想は単純なもので、その年（一九五五年）が、たまたまキェルケゴールの没後百年に当たり、多くの研究書が出ていたからです。ところが論文の口述試問の席で、私の浅薄なキリスト教理解に対して、久松先生から二時間にも及ぶきついお叱りを受けたのです。これがなかったならば、到底私の今日はないとはっきり言うことができます。私は久松先生によって禅宗の独我論から解放され、異教に対して開眼させられたのです。

二十七歳（一九六〇年）のとき、恩師緒方宗博先生のお薦めで、思いがけなくも米国東岸のペンシルヴァニア州にある、クエーカー教徒のペンデルヒル宗教研究所に留学し、キリスト教の教理と社会奉仕について、青年らしい純粋な気持ちで勉強をさせていただきました。キリスト教の国で見たキリスト教徒には無理がなく、ちょうど日本にいて仏教徒を見るようにごく自然であったことが、私を今日のようにキリスト教に親しませるようになったのです。そのうえ外国に出て、外から日本の仏教を見ることができたので、仏教について客観的に見る目を持つことができるようにもなりました。

帰国して考えるところがあり、大学院に進学してふたたびキェルケゴールの研究をし、修士論文「キェルケゴールに於ける歴史の問題」を提出しました。因みに私の博士論文は『己事究明の思想と方法』（法藏館、一九九三年）ですが、それは何とキェルケゴールの思索方法による禅思想の究明であり、こうして私の禅思想はまことに特異な内容となって凝縮したのであります。

その後の私の半生は、ほとんどキリスト教徒との対話に費やされたといっても過言ではありません。プロテスタントの人びととの対話はもとより、それがやがてヨーロッパのカトリック教徒との対話へと広がり、現在の関心は世界の諸宗教に見られる修道生活の思想的意義に集中しております。

三

私が本多先生に出会ったのはもう二十五年も前、「禅とキリスト教懇談会」の席上でした。あれから今日まで、毎年お会いして互いの信仰を分かち合い、互いの思索を深め合ってきました間柄で、本多先生が何を考えておられるか、私にはよく分かっております。理解し合っていると言っても考えが同じだということではなく、違うところもよく分かっているということです。しかもお互いが歩んできたその道のりが、全然別の伝統を歩みながら、その歩み方がまったくよく似通っているのは、まことに不思議な話です。一面でお互いが自分の所属する伝統教団の状況、あるいは思想的傾向に対してある種の不満を感じている。しかもそこから逃避することなく、むしろそれの根源的基底の所在を求めて思索を続ける過程のなかで、他宗教の思想に遭遇し、それを通して、自己の宗教にある根源的なものに開眼せしめられるという回路を辿ってきている。そういう互いの過去の精神的遍歴の一致からくる親近感が、両者の対論を生産的にしてきたことは、紛れのない事実であります。「分け登る　麓の道は　多けれど　同じ高嶺の　月を見るかな」といった感慨を禁じえません。

さてここでは本多先生の発題のうち、後半のキリスト教教義そのものについての部分は、キリスト者の内部で賛否の論議がなされるものでしょうし、仏教徒の私が立ち入ることはできませんので、先生の論理の根本となっている「即」ということについて、何点か私の考えを述べてみたいと思います。

一　「即」はいわゆる関係の概念ではないということ

本多先生が思索上の影響を受けられたという鈴木亨氏は、「即」の語をより内容的に表現するため、「逆接」と言い換えられたようですが、これは適切ではないと思います。仏教で言う「即」は、「直ちに」とか「そのまま」という意味であって、たとえば「色即是空」は色と空という矛盾するものが、しかも同時に一つであるというような論理構造の説明ではないということです。「色即是空」ということは、「色が色のままで、すでに空を含んでいる」ことを見抜く、智慧のハタラキを述べたもので、そういう智慧によって、色が真に色となる（世界が世界に返本還源する）、ということであります。そのことを強調するためにまず、「色不異空」、すなわち色は空と別物ではない、と述べているのであって、わざわざ逆に接せしめる必要はないわけです。同じことは空についても言えます。

鈴木氏は、色（存在者）と空というまったく矛盾する両者の否定的関係を強調するために、「存在者逆接空」（存在者が逆に空と接する）と表現されていますが、色と空が接していると言えるためには、それを眺める第三の観点が必要であります。西田はそれをこそ「場所」と言ったのでしょうが、西田のいう場所は、やはり智慧（初期の純粋経験）のことであって、第三の「客観的立場」つまり分別意識であってはならないのです。もし分別意識によってそういうことが言われているとすると、同じことがあとへあとへと連鎖して、実在からはいよいよ遠のくばかりであります。大乗仏教の根本原理である「即」を、そのように関係概念に置き換えてしまうと、結局今まで行われてきた神と世界の関係の説明に戻ってしまうのではないでしょうか。

私はかつて滝沢克己先生のインマヌエル論に対して、同じような疑問を抱いたことがあり、先生に申し上げたことがありました。とくに先生が仏教における「理」と「事」との関係を用いて、「理事無碍」こそ真実在の根本的構造であると言われたので、私はそれはまだ仏教で言う究極の実在とは言えない。真の実在は「理」という場所の開けのなかで、世界のなかに存在する個物が、それぞれ真に「事」となることであって、そこでは理と事との関係などはあり得ないと申しました。それに対して滝沢先生が、遺著『現代に於ける人間の問題』（三一書房、一九八四年）二〇六頁以下で緻密な反論をされましたが、残念ながら先生はすでに鬼籍に移られていました。それで私は拙著『己事究明の思想と方法』二九三頁以下に、先生に対する私の考えを述べております。

滝沢先生も本多先生も、ともに西田哲学を通ってキリスト教の根本問題を考えようとされている点で一致していますが、西田の「絶対矛盾的自己同一」とか、「逆対応」とかに対しての多くの人の理解には、やはり仏教で言う「即」と、どこかずれたところがあるように思われてなりません。

二 「即」は経験の事実であるということ

先に言いましたように『般若経』に、「色即是空」とあるのは、やはり般若の智慧のハタラキから見て、世界の真相を仮にそう表現したわけで、それが一種の実在の構造のように考えられてはならないと思います。同じ般若経典で、中国の禅宗が、とくに六祖慧能あたりから重視するようになる『金剛経』などでは、この点がもっとはっきりしています。たとえば『金剛経』には、「世界即非世界、是名世界」（世界は即ち世界に非ず、是を世界と名づく）とあります。このほかにも同じようなフレーズが繰り返されるので、鈴木大拙先生はこれを「般若即非の論理」と呼ばれたのです。

これを見ると、世界は世界でないということがあって世界は初めて世界である、というわけです。世界というものを見ているわれわれは、本当に世界を見ているかというと、実際は主観のパースペクティヴを通して見ているわけで、じつはそういう世界は自己の投射にすぎない。それで一度世界を、われわれの主観から解放せしめなければならない。それが「世界は世界ではない」ということで、世界に対する執着を離れることですが、これが空の開けということでしょう。そうすることによって世界は、それを見る主観の自我から解放され、世界自身に還ることができる。そういう真に世界となりえたものを、改めて世界として見ることを「是を世界と名づく」というのであります。そういうことの全体を可能にせしめるものが、「空智」にほかならないのであって、それは認識上のハタラキであり、経験的事実であります。

それは「存在者（世界）が空と逆に接している」というように、実在の構造を説明することではなく、存在者（世界）が主観的、相対的、直接的在り方を否定せられること、そのことにおいて、真に世界自身を取り戻すことであります。言うまでもないことですが、「色即是空」という場合の「空」は、はっきりと「空じる」ハタラキのことであって「何もない」という存在者の対概念ではなく、また色と空という二者の能所的関係でもありません。大乗仏教にも唯識教学などでは、この世界として存在しているものは、すべて心の所産であると言い、したがって世界というものは、心の外に出ることはできない（心外無法）と説きます。しかし「天地我と同根、万物我と一体」とか「万法一に帰す」とか言っても、それが智慧のハタラキによる経験的な事実でなければ、結局は文字どおりの「空論」でしかないということになるでしょう。

『五燈会元』という禅僧の伝記集の「法眼文益伝」に見える次の話などは、そのことを示したものでしょう。

法眼文益が若いとき、道友三人と連れ立って行脚していたとき、大雪に阻まれて地蔵桂探和尚の庵に投宿させてもらった。彼らが『肇論』にある「天地我と同根」という語について議論していると、地蔵和尚が「山河大地とお前さんの自己とは、同か別か」と問われた。法眼が「別であります」と答えると、地蔵和尚は指を二本立てられた。「いや同じです」と言うとまた指を二本立て、そしてさっさと何処かへ行ってしまわれた。

翌朝、彼らが出立しようとすると、門まで送って出てきた地蔵和尚が、庭先の石を指差して、「お前さんらは何気なく『三界唯心、万法唯識』などと言っているが、その石はお前さんの心の内にあるか、あるいは外にあるか」と問われた。そこで法眼が唯識教学の立場から、「石はわが心の内にあります」と答えた。すると地蔵和尚は、「どういう訳で、そんな重い石を心に担いで歩きなさるんじゃ」と言われた。それを聞くと法眼は旅の装束を下ろして、直ちに地蔵和尚の弟子になった。

三　「即」は二者択一の原理であるということ

このようにして「即」ということが、経験上の事実として、論理を超えたものであることを認めつつ、本多先生はあえてこれを議論として捉えようとされているのであり、それはかつて西田幾多郎が試みたことと、同じ線上におけるキリスト教者からの究明として、私は真摯に耳を傾けてきております。

そこで先生は今回のご発表論文において、「この立場〔引用者註・中山延二博士の言われる矛盾的相即、相即あるいは即を指す」は、同一性論理や単なる分別知の立場からは、聖者といえども決して把握できないもの、たとえこれを把握した覚者（仏）といえども、通常の人間の言葉では絶対に伝達できぬ世界であると言われている。それならば、そのように難解難入の論理を、われわれがここでいきなり学問の論理として捉えることなど許されないことではなかろうか。わたしはあえて、然り、だが同時に否、と答えたい。というのはこの論理は人間が頭で作り上げたものではなく、あらゆる現実が例外なくそうなっていることを示す論理であるとされているのであるから、われわれも卑近に観察できるあらゆる事例によって、かかる論理的立場への接近は常にある程度は可能だからである」と述べられているわけですが、文中「ある程度」の一句にどうしても引っ掛かってしまうのです。

私からみると、ここにこそ哲学と宗教の訣別点があると思うのです。哲学はどこまでもフィロソフィア（愛―知）として知にかかわろうとする、絶えざる運動であることを本質としますから、どこまでも過渡的でなければならないでしょうが、宗教は必ず決着に到達して安住することがなければならないと思うのです。つまり宗教の世界では、信仰と躓きは二者択一的であります。仏教で言いますと迷いか悟りかのいずれかであり、その中間はあり得ません。それで本多先生の「ある程度」ということは、知的関心としての哲学なら可能ですが、宗教としてはあり得ないと思うわけです。

別のところでも、「即が持つ重要な事実は、（中略）決して二者の単なる表面的無謀介的な不一あるいは不二なのではなく、矛盾的な不二なのであるが、その真相は『隠顕倶成《おんけんぐじょう》』的補完性の原理に貫かれているということである」と説かれていますが、この「隠顕倶成的補完性」ということばも気になります。つまり隠と顕とは一方が他方を必要とし、補完し合うような不完全なものではなく、隠なら隠、顕なら顕として完璧に全機現するものでなければなりません。

禅者が「生死即涅槃」と言う場合でもそうです。事実としてははっきり生死（迷い）であるか涅槃（悟り）であるかであり、その中間はないわけです。生死なら生死ということ、涅槃なら涅槃ということで全体現です。私たちは生死を涅槃との関係で考えやすいのですが、それでは永遠に生死を脱得することは不可能であります。

菩提達磨が「菩薩が生死を捨てずして涅槃に入るは、生死の性は即ち涅槃なるが故に、生死を捨てて涅槃に入るを待たざるなり」（『二入四行論』）というのがそれでありますし、馬祖道一が「煩悩即菩薩」ということについて、「日の出づる時、暗に合せざるが如く、智慧の日出づれば煩悩の暗と倶ならず」と説いているのがそれであります。

永平道元も、『正法眼蔵』「生死」において次のように説いています。

ただ生死すなはち涅槃とこころへて、生死としていとふべきもなく、涅槃としてねがふべきもなし。このときはじめて、生死をはなるる分あり、生より死にうつるとこころうる、これあやまりなり。生はひとときのくらゐにて、すでにさきありのちあり、かるがゆゑに仏法のなかには、生すなはち不生といふ。滅もひとときのくらゐにて、またさきありのちあり、これによりて滅すなはち不滅といふ。生といふときは生よりほかにものなく、滅といふときは、滅よりほかにものなし。かるがゆゑに生きたらば、ただこれ生、滅きたらばただこれ滅にむかひてつかふべしといふことなかれ、ねがふことなかれ。

四　消失点としての「大死」ということ

本多先生が、相即あるいは逆接の成立根拠として、「消失点」ということを重視されていることは、きわめて重要な指摘であります。それはまさに禅家において「大死一番」と呼んでいるものであり、一回は懸崖に手を撒《さっ》して喪身失命するという体験を経なければ、自己も世界も、そのリアリティーを現成しえないのであります。ここに大死という場合に、「大」という字が冠せられておりますことに、特別の意味が込められているわけで、「大疑」とか「大悟」とかいう場合と同様に、普通に言う死とか疑とか悟とか言われるものとは、質を異にするものであります。

大死ということは、生と死という相対分別の世界に死ぬということですから、単に生の否定ではなく、死さえも超えることでありまして、要するに分別の意識を超えることであります。ですから生きていながらしかも死ぬことであり、意識の絶滅する世界であります。至道無難禅師が、「生きながら　死人となりて　なり果てて　思いのままに　なすわざぞよき」と詠われているような経験的事実であります。

事実とはいえ、そこは意識を超え出る世界でありますから、日常意識的に経験することはできません。必ずよき指導者を必要とする、まことに危険な行程であります。キリスト教神秘家が、「霊の暗夜」といわれる境位がこれに似ているのではないかと思いますが、私にはわかりません。

なぜそういう危険なことが必要であるかと申しますと、私たちは日常生活において意識を通して世界や自己を見ています。知っていると思っているものは、意識が作り上げる表象でしかないのであって、世界や自己そのものとは大きく隔たっているのであります。

唐の時代に、陸亘大夫という人が南泉普願和尚に、「肇法師が『天地同根、万物一体』と言われたことは、納得しがたい話ですね」と言うと、南泉は「世間の人は、あの一株の花を見るのでさえ、まるで夢を見ているようなものだ」と言われました（『碧巌録』第四十則)。

われわれは意識によって主観と客観を「分ける」ことで初めて「分かる」のですから、われわれが知っていると思っているものは、ことごとく虚妄でしかないわけです。自己が自己を知るときでさえそうです。それで一度そういう意識を破って自己と自己を、自己と世界を「直接」せしめる必要があるわけです。そうして自己と自己が、自己と世界が一つになった「大死」から、もう一度「絶後に再び蘇って」、改めて自己が自己に対し、自己が世界に対するとき、自己は真実に自己であり、世界もまた真実の世界となって現成するのであります。そういう三六〇度の転回において、現実世界が「色不異空、空不異色、色即是空、空即是色」という真実を顕わすのであります。

自己と世界が虚妄の夢を破り、自己が自己となり、世界が世界となるためには、一度自己即世界という、「空」の場所を開かないといけないのであります。もちろんそういう空の開けに置き直された(英語で言う repose された)世界が、やはりもとのままの日常世界であることは言うまでもありませんが、今やそういう現実世界は、「空」に照らされた真如世界であります。

老僧三十年前、未だ参禅せざる時、山を見て是れ山、水を見て是れ水なりき。後来親しく善知識に見え、箇の入処有るに至るに及んでは、山を見て是れ山ならず、水を見て是れ水ならざりき。而今、箇の休歇の処を得てより、依然として山を見て是れ山、水を見て是れ水なり。（『普燈録』六、「青原惟信」の章）

また唐の詩人蘇東坡も、その消息を次のように詠んでいます。

蘆山は烟雨、浙江は潮。未だ到らざれば、千般の恨消えず。
到り得、帰り来たれば別事無し。蘆山は烟雨、浙江は潮。

以上、本多先生の論文に触発されまして、長々と愚見を述べてきましたが、このようにして本多先生によって、仏教に基づいている自分の立場もまた、一層はっきりしてくるわけですし、そのうえよく考えてみると、私がこのような形で仏教の即非の経験的事実を説明しうるのも、やはり深いところで、かつて学んだキェルケゴールの実存弁証法の思索方法に依るところが多いということを、今さらながら自覚させられているしだいです。逆にまた、本多先生の方も、ご自分の立っているキリスト教のなかにおける神と世界との隔絶の神学に対し疑問を呈し、相即の論理をもってこれを克服しようとされているわけでありますから、本多先生と私のあいだにもまた、キリスト教徒と仏教徒として、それぞれの自覚を深めるような「即」の論理が成り立っているように思われるのであります。

グローバル化時代の諸宗教対話

一

先日、朝のラジオ「時の話題」で、NHK解説委員の永井多恵子さんが、「松江共演」と題して話された。内容は、この頃日中文化交流の一環として狂言師の野村万作氏が、狂言と中国の崑曲《こんきよく》との共演の舞台を演じる、という話であったが、面白かったのは永井さんが二度にわたって、それが競演ではなくて「共演」である、と強調されたことである。従来行われてきたこの種のイベントは、それぞれの民族が伝統芸能を競い合い、それによってお互いの交流と理解を深め合うものであった。これに対してこのたびの意義は、お互いの伝統芸能の特色を持ち寄り合って、新たな芸能の可能性を求めようとするものであり、このことが「時の話題」になりうるということであろう、と私は理解した。

ところでこの頃になって、にわかに世界のグローバル化（Globalization）ということが喧しくなったが、私は一昨年（一九九七年）の暮、京都国際ホテルでの「第四十四回コルモス」（現代における宗教の役割研究会議）に出席して、このグローバル化という今日的事象について、大いに学ぶところがあった。一般にグローバル化と聞けば、国際化が地球規模に拡大したものと考えやすいのだが、私は、国際化とグローバル化との本質的な相違に無知であったことを、痛く反省せしめられた。会場で国学院大学日本文化研究所から頂戴した井上順孝責任編集『グローバル化と民族文化』（新書館、一九九七年）は、この問題をめぐる国際シンポジウムの記録であるが、これを一読して大いに教えられるところがあった。

いったい国際交流ということを通じて、国家あるいは個人は、自己の育ってきたものとはまるで異質な思想や文化と激突して視野を広めるのであるが、同時にそれを通じて、かえって各自が育てられた伝統の特殊性に目覚め、それがやがて無意識的に民族主義や母国愛へと変質していく経路は、まことに皮肉であり、逆説的である。

この傾向が、とくに習慣や文化の母体である哲学や宗教の国際交流において、顕著となるのはやむを得ないことであろう。

私も自分の国際交流体験から、このことに早くから気づいていた。鈴木大拙や西田幾多郎など、明治以来の知識人によってなされた日本の思想文化宣揚の姿勢には、どこか現代の世界的状況に馴染まなくなってきているという予感である。このことはすでに「ポスト・モダンの宗教—禅仏教の国際化をめぐる問題」と題して、八年前に「中外日報」紙上（一九九一年二月、二四四〇二—二四四〇四号）で指摘したことがある。

果たせるかな、一九九五年（平成七）、法藏館刊行の『日本の仏教4』において、ミシガン大学のロバート・シャーフ教授が、明治の知識人で西欧に学んだことのある人たちに共通する「日本人論」は、要するに西洋に対する東洋の優位を主張しようとする「日本のナショナリズム」にほかならないと論じている（西村惠信編『禅と現代』〈「叢書、禅と日本文化9」、ぺりかん社、一九九八年〉に収録。）

二

そもそも国際化（Internationalization）ということからして、われわれ日本人は現代世界から、大きく取り残されているらしい。日本人の国際化意識は、外国語を身につけて海外に進出し、さらなる国益を貪ろうとすることであるとすると、西欧でいう国際化が、たとえばヨーロッパ共同体（ＥＣ）に象徴されるような、国家を国際的共同管理下に置くことを意味する「Internationalization」とは、正反対であることになる。じつは日本の国際化ということも、もともと世界の方から日本の持てる特殊性を世界のために役立てるように世界の側から「される国際化」であって、それに気づかず、いまだに海外に進出して自己の利益を貪ろうと「する国際化」と考えているのだから、今日、日本が国際社会から顰蹙《ひんしゅく》を買うのも無理のない話であるし、これをこのまま放置しておいてはならないのである（清水良衛「国際化と日本の特殊性」、〈『庭野平和財団研究レポート№９』一九九〇年〉参照）。

ましてグローバル化ということになると、事態はむしろ国際化とはまるで反対の「無国籍化」であるから、国家や民族文化などは、かえってこれを阻むものとして挑戦を受けざるをえなくなるのである。先の国学院大学シンポジウムの基調講演において、井上順孝教授は、グローバル化を推進せしめた原動力として、コンピューターの普及による情報メディアの急速な発展、国境を超えた人物交流、国際結婚の増加、企業間の国際的統合などを挙げ、そのようにしてグローバル化は、言語、文字、宗教、倫理、家族の構成原理、社会の価値規範など、社会全体の混乱を生ぜしめてきていると論じている。

そのような世界の状況のなかで、諸宗教が各々の自分の宗教の絶対唯一を主張したり(Exclusivism)、他の宗教までを自分の宗教の未熟な一段階として自分の宗教に包み込んでしまったり(Inclusivism)するようなやり方が、反時代的であるのは言うまでもない。この時代にはやはり、ジョン・ヒックのように、すべての宗教は唯一実在のさまざまな顕われ方であるとする、宗教多元主義(Pluralism)が最も説得的であろう。ただすでに西田幾多郎も、「純粋経験ということで世界のすべてを説明しよう」（『善の研究』序）と試みたが、それによって彼は世界のすべてを包摂しようとしたのではないか、という批判を受けた点からすれば、ヒックに何か西田以上のものがあるか、あるとすればそれが何であるか、についての詮索をなす必要があろう。

たまたま今年（一九九九年）十二月、アフリカのケープタウンで世界宗教者会議（Parliament of World Religions）が開催されるよし、このほど私も参加の要請を受けた。一八九三年にシカゴで開かれたあの万国宗教博覧会の精神を継承し、かつ、今世紀の宗教状況を総括することを目的とするもののようであるが、今回の会議が百年前のものと、その質において異なるものとなるように願うところである。そこにおいて禅の立場から提出しうるものは、この狭い地球上の極東の隅において、歴史的に形成されてきた禅と称する特殊個別的な仏教思想と、その歴史的形態についての謙虚な報告であって、それもまた人類がなし得た遺産として、来るべき地球時代への贈り物となれば、それで十分であろうと思っている。

初出一覧

第一章　辿りきし禅の道

わが師の思い出…『大衆禅の時代』（東方出版、一九八三年九月、原題「枯淡の家風—わが師の思い出」）

花園大学、昔むかしの物語り…『ねんげ』一一—一六号（花園大学宗教部、一九九二年四月—一九九七年四月）

キェルケゴールとの出会い…書下し

禅学の道ひとり旅…書下し

「自己をならふ」の宗教哲学…『宗学研究』四二号（駒沢大学宗学研究所、二〇〇〇年三月、原題「『自己をならふ』の宗教哲学的構造」）

住職退任の日に…『いもこぢ』二三号（妙心寺派滋賀北陸教区報、一九九八年一月）

ただ羞を識るのみ…季刊『仏教』四〇号（法藏館、一九九七年、原題「羞を識る」）

いのちの音を聴く…『在家仏教』五七八号（在家仏教協会、二〇〇〇年七月）

仏陀の誕生と死に思う…「中外日報」二〇〇〇年四月八日（原題「唯我独尊の自覚」）、および『インドマイトリの会会報』二四・三二号（二〇〇〇年四月、原題「自分が『死ぬ』ということについて」）

第二章　恩愛の人びと

わが人生の導師―柴山全慶老師…書下し
一黙雷の如し―山田無文老師…『無文老師遺薫』（禅文化研究所、一九九四年十月、原題「老師が五十で私が十八の頃」）
母なる人―木村静雄先生…『追悼木村静雄先生』（花園大学、一九八七年十二月、原題「母なる人」）
句境禅心―中川宋淵老師…『死になる葬らい』（私家版、一九七八年六月、原題「宋淵老師の晩秋」）
ラサールの今昔―鈴木大拙博士…『増補新版　鈴木大拙全集』第一巻月報（岩波書店、二〇〇〇年一月、原題「ラサールの今昔」）
距離の感覚―盛永宗興老師…『大法輪』六十二巻九号（大法輪閣、一九九五年五月、原題「距離の感覚―盛永宗興老師の面目」）
入矢義高先生への手紙…『入矢義高先生追悼文集』（汲古書院、二〇〇〇年三月）
禅学への導き―秋月龍珉先生…『大乗禅』九〇九号（中央仏教社、二〇〇〇年九月、原題「秋月先生の思い出」）
優しき禅者―鈴木格禅さん…『大法輪』六十六巻十一号（大法輪閣、一九九九年十月、原題「『鈴木格禅』という人」）
独歩の禅学者―古田紹欽先生…「中外日報」二〇〇一年二月十五日（原題「独歩の禅学者古田紹欽先生を偲ぶ」）

第三章　キリスト者とともに

私とキリスト教の不思議な関係…『花信風』創刊号（花園大学、一九七六年一月、原題「私とキリスト教との不思議な関係」）
世界に語る仏教―禅僧として思う…『大法輪』六十八巻一号（大法輪閣、二〇〇一年一月）
対話と沈黙―東西霊性の交流に思う…『ねんげ』一〇号（花園大学宗教部、一九九一年四月、原題「沈黙と対話―東西霊性交流シンポジウムに思う―」）
良心的修道者トーマス・マートン神父…『死になる葬らい』（私家版、一九七八年六月、原題「T・マートン神父の死に思う―修道者の良心ということ」）
ゲッセマニ修道者会議の印象…『中外日報』一九九六年九月十九日（原題「〝永遠の修道士〟トーマス・マートン神父」）
奥村一郎神父への応答…原題「奥村一郎先生『霊性の遍歴』への応答」〈未刊〉
本多正昭先生の「相即」論を聴いて…『キリスト教は仏教から何を学べるか』（法藏館、一九九九年三月、原題「コメント」）
グローバル化時代の諸宗教対話…『中外日報』一九九九年一月二十六日（原題「グローバル化時代の諸宗教対話」）

あとがき

人生という路には地図がない。霧の深い朝のように、歩を進めるに従って少しずつ道が見えてくる。しかもそれは一筋道ではなくて、しばしば二つ三つと分かれて現れるので、どちらの道を選べばよいか途方に暮れる。どちらを選んでも、行く先の不透明さにおいては同じことである。後ろを振り返ると、自分が歩いてきた道に、足跡だけがはっきりと残っている。「あしあとの　残らば残れ　あしあとの　消えねば消えね　ひとり旅行く」と詠われたのは、恩師小笠原秀実先生であったが、先生の足跡の消えることはない。作家の藤本義一さんが、人生に消しゴムは要らない、といわれたのは蓋《けだ》し名言というべきであろう。

私にもまた、六十七年の道のりに、自分だけの足跡がある。それらには足踏みしたり、後戻りしたりしたような形跡はない。道が大きく分かれているところが四か所ある。

ずっと遠い過去にあるのは、生みの両親が逡巡しながら、二歳の私を手放したところであるが、私が和尚の持ってきた金太郎飴に手を出すことで方向は一遍に決まったらしい。あれから他の九人の兄や姉は、別の道に去ってしまった。

第二の分かれ道は、多くの道のなかから花園大学への道を選んだところであるが、あれから今に至る五十年、この道を真っ直ぐ歩いてきた。

大学に戻って寮の舎監をしているとき、降って湧いたようにアメリカ留学の話が出た。いまから四十二年前のことである。結婚してわずか六か月で若い女房を残し、一年間地球の反対側に出かけるときは、大変な決断を要したが、あのとき躊躇していたら今はなかったであろう。

帰国して子供が二人になった頃、これも一念発起して京都大学の大学院入試に挑戦した。ほとんど絶望的であったが幸運にも合格した。そこのところには細い細い一本の橋が架けられている。これを渡っていなかったら、あれからどこを歩いていたのであろうか。

私の歩いた道はこうして、その都度やみくもに身の程も知らず、自分の欲するところに向かって突進するままにでき上がっていった。いま振り返ってみると、これがまた実に奇妙な景色を形成しているのに、我ながら驚くばかりである。悟りは迷いの道に咲く花である、というような迷いはなかった。ただ驀直《まくじき》に歩いただけであるが、その道には思いがけない花が咲き乱れている。禅とキリスト教が交配して咲いた名もなき花である。こんな花は他のどこを探してもないであろうと思われるような、私だけの道に咲いたあだ花であるだけに、いとおしい花である。

このような珍種の花も、この「花園」の学園にこそ咲き出ることができたのであって、これを思えば思うほどに、母校花園大学という土壌から与えられた恩恵には、測り知れないものがある。そしてこともあろうに私はいま、その花園の園長となった。我が道の歩みがこんなところに通じているなどとは、半年前まで想像もしていなかった。私をこのような道へと誘ってくれたのは、言うまでもなく仏天の加護であり、また、目をつむればいつでも浮かんでくる、多くのご恩を受けた人びとであったことを思うにつけ、深い感動に満たされるのを禁じ得ない。

このたび、法藏館の西村七兵衛社長の励ましと、編集部の上別府茂さんや岩田直子さんのお力添えで、私の歩いた道をこのように振り返ることができたことは、願ってもない幸せである。記して深く感謝の意を表したい。

二〇〇一年四月一日

琵琶湖東畔　三余居にて

西村惠信　識す

西村惠信（にしむらえしん）

1933年滋賀県に生まれる。花園大学仏教学部卒業後，南禅寺僧堂に掛搭。1960年米国ペンデルヒル宗教研究所に留学しキリスト教を研究。1970年京都大学大学院博士課程修了。花園大学文学部教授，文学博士。1998年花園大学副学長を経て2001年度より花園大学学長。著書に『己事究明の思想と方法』（法藏館），『無門関』（岩波文庫），『人生は旅、そして別れ』『私の十牛図』（法藏館），『鈴木大拙の原風景』（大蔵出版），『夢中問答』（NHK出版），『露の光るように』（ノンブル社），『躍動する智慧』（中央公論新社）ほか多数。

キリスト者と歩いた禅の道

二〇〇一年五月一〇日　初版第一刷発行

著　者　西村惠信
発行者　西村七兵衛
発行所　株式会社法藏館
京都市下京区正面通烏丸東入
郵便番号　六〇〇-八一五三
電話　〇七五-三四三-〇〇三〇（編集）
〇七五-三四三-五六五六（営業）

印刷　リコーアート　製本　新日本製本

ISBN4-8318-8143-0 C0015